新渡戸稲造の不朽の名著

修養

自分を磨く小さな習慣

新渡戸稲造――著
丹羽宇一郎――解説

三笠書房

◆解説者のことば

名著『修養』で明かされる新渡戸稲造の「生き方のエッセンス」

――いつの時代にも効果の高い「知的鍛錬の方法」

丹羽宇一郎

私はいまも、一つの命題と向き合っている。

「人間とはいったい、何者なのか？」

このことが、常に頭から離れないテーマになっている。

昨今の社会を見渡せば、さまざまな不祥事が相次ぎ、いいようのない閉塞感が社会を覆っている。しかし、かつて孔子の時代から、今日と同じような問題は存在していた。

その共通事項は、「ウソ」「偽り」、そして、「隠すこと」。極端なことをいえば、「他人のことより自分の利益」という考え方である。

では、人間は本質的に「悪いことをする存在」なのかと言えば、決してそうではない。自分の弱い心に負けてしまう人が間違いを起こすのであり、一方では立派な成果をあげ、周囲からも尊敬される人たちもいる。

かつて、幼少時代のアレキサンダー大王の家庭教師を命じられたアリストテレスは、幾何学と論理学の大家であるが、知識を頭につめ込むことよりも**「人間の心の鍛錬」**に注力した。**「勇気、思いやり、決断力、情念」など、「知識では得られないもの」の教育に心を砕いた**という。

その全盛期、当時知られていた世界の九割を治めたほどの大帝国を築き上げたアレキサンダー大王の礎となったのは、武力でも知識でもなく、「鍛え上げられた心」だった。本書のテーマもまさに、そこにある。

本書の原著は、明治四十四（一九一一）年九月に出版された新渡戸稲造著『修養』である。新渡戸は英文の著書『武士道』（奈良本辰也訳・三笠書房刊）で、日本人の性質と特長を、西欧思想との比較をまじえつつ見事に描き出した。対して本書では、新渡戸個人の日々の心がけが数多く紹介されており、**より具体的に「自分を磨く法」が語られている。**

たとえば、本書で述べられる「継続力」。口でいうのは簡単であり、その重要性を頭では理解していても、ついつい人間は易きものに流れてしまう。そこで新渡戸は、**「何事かを一生継続しようと思えば困難だが、時間を区切れば楽になる。その期間だけでも成し遂げることが出来れば、継続の習慣が養成され、一生続くものになる」**と、解決策を提示してくれている。

さらに、やるべきことから逃げない「勇気」や、人生を前向きに生きるための「工夫力」など、新渡戸流「自己鍛錬のためのアイデア」が、本書では惜しげもなく披露されている。

そしてこれらは決して、時代遅れの根性論や精神論ではないことに驚かされる。何しろ新渡戸自身が国際連盟事務次長を務めるなど、当代きっての「国際人」として認められていたのだ。その新渡戸が本書で明かす「生き方のエッセンス」は、グローバルな活躍が求められる現代人にとって、もっとも効き目のあるアドバイスのように思われる。

いままで多くの人びとを見てきて、生まれつきの人間の能力には大差がないことを実感している。では、どこでその差がついてしまうのか。やはり「心の鍛錬」に行き着く。

「人は仕事で磨かれる」というのは私の持論だが、**「自分の心に負けない努力」の積み重ねにより、人は「苦しい仕事を放り出すことなく天恵と思い、自分が成長するチャンスに変える」人材に育っていく。**これから求められるのは、「あくなき努力を継続できる」人。努力の継続によって、親代々受け継いだＤＮＡのランプにあかりが灯る。

「自分に負けてたまるか」という気持ちで、活力ある日々を生き抜いていく上で、本書を是非傍《かたわ》らに置き、自粛自戒の糧としていただきたい。

もくじ

第二章 「決意の持続力」が人生を決める

——たとえ遅くとも、歩き続けた人間が「人生の勝者」だ

第三章 「克己心」を磨く
――「自分の弱点」を捨てずに利用する知恵

第四章

「勇気」を養う

――「より強い自分」をつくる

第五章

「自分の顔」に自信を持て

――信念を持って進めばなにも恐れるべきものはない

第六章 「人生の蓄え」のすすめ

――自己投資としての「金・体力・知力・徳」四つの貯蓄

第七章 私の「本とのつき合い方」

——自分流に工夫して読む本こそが最高の「良書」になる

第八章

「逆境」にあるときの心得

——坂道は重荷をかついで上れ

第九章
いま自分のために何ができるか
――日常生活のなかの「知的鍛錬のアイデア」

＊本書は明治44年に刊行された『修養』を読みやすさを考慮し、表記は新字体・現代仮名遣いとし、抄訳にしたものです。

◆はじめに

修養とは何か

私が考えるに、修養の「修」とは**「身を修《おさ》める」**という意味であると思う。すなわち、肉体の欲望のために心を乱さぬよう、**心が主となって身体の動作または志の向く所を定め、整然として、順序正しく、方角を誤らないよう、挙動の乱れぬよう、進み行く**意であると思う。

また、「養」とは**「心を養《やしな》う」**の意であろう。そして、養という字は形に表れているとおり、「羊」の「食」という意義である。

「養」という字は、各自の預かっている、柔和で、少し手荒に扱えば息の根も絶えやすい、その代わり、丁寧に養えば最もよく懐く子羊のような「心」に食べ物を与え、寒いときには温かさを与え、暑いときには涼しくし、横道に迷い込もうとするときは、呼び止めて正しい道に導き、**あらゆる方法を用いて正道に従って養育する**という意味である。

つまり、これらを要約すると、「修養」とは、「修身養心」ということになる。**身と心の健全な発達を図る**のがその目的である。

平凡なる日々の修養が、非凡なことを生む

一生にあるかないかの大問題も、日々の平凡な務めを満足に行っていれば、これを解決するのは容易である。

春風に誘われ、三日見ない間に開く桜の花も、風に吹かれて狼狽して咲くのではなく、前年の冬から厳寒をしのいでつぼみを養ったからである。

昔、武士が戦場に臨み、命がけの勝負をしたのは、平生、木刀を持って木像を相手として鍛錬した結果である。

平素の修養さえあればこそ、非常の時の覚悟が定まる。

私がここに修養法を説くにあたっても、我々が平凡な日々の努めを果たすに、必要な心がけを述べるのを目的とするのであって、一躍して英雄豪傑の振る舞いをなし、難しいこと、世の喝采を受けることを目的とはしていない。功名富貴は修養の目的とすべきものではない。

いかに誹謗《ひぼう》を受けても、自ら省みて潔《いさぎよ》しとし、自ら楽しみ、いかに逆境に陥っても、その中に幸福を感じ、感謝の念をもって世を渡ろうとする。それが、私がここに説こうとする修養法の目的である。

佐藤一齋翁《さとういっさいおきな》（江戸後期の儒学者）の言葉に、

「生きているものはすべて養われなければ死んでしまう。とくに心は自分の中の一番大切な生きものである。これを養うにはどうすればいいか。ものの道理にしたがう他ない」

とある。

身体を養う食べ物は日に三度必要とするように、道理と正義の栄養物もたえまなく必要とすることは、少しでも経験のある人はよく知っていることである。

日々の修養は、それを行っている最中にはそれほどに思わないが、段々集まり積もると、立派な人物を築き上げる。

はじめは苦しがりながら、修養に勤めても、慣れてくると修養が身の肉となり、凡人と異なる所の人となる。

第一章

「自分」という財産を最高に生かす方法

——一度限りの人生を一日たりとも無駄にしない！

年月を重ねただけでは人は老いない。
未知への探求心、将来への希望を
失ったときはじめて老いる。

1 希望に満ちた者はいつまでも「青年」である

『詩経《しきょう》』（中国最古の詩集）に「青々子衿《せいせいしきん》」という句がある。年若い書生は青色の衿《えり》の服を着けたから、書生を青衿子《せいきんし》と称するそうだが、いったい漢書では青雲の士とか青雲の交わりとか、または青眼《せいがん》などというように、青はよい意味に用いられている。

青年という言葉は、先のまだわからない、茫漠《ぼうばく》たる、青々と発芽した草葉の意味から生まれた語であると思う。青は春の色で、中国の古い本にも春を青帝《せいてい》と称してある。

緑なるひとつ草とぞ春は見し
秋はいろいろの花にぞありける

この歌のとおり、青年というのはちょうど春の野辺のように青々として、それがどんな種類の花を開くか、どんな性質の実を結ぶか、すなわちいかなる向上発達を遂げるかわからないという、将来に大きな望みのあるところが、青年の青年たるゆえんである。いいかえれば、青年とは大きな希望抱負を有する者を称するので、年齢の多少を問わない。ゆえに希望なき者は、いかに若年であっても、片足を棺桶に踏み込んでいるのと同じようなもので、**希望さえあれば、三十になっても、六十になっても、すなわち青年というべき**である。

「老化しない」年の取り方

およそ人が年を取るというのは、なにを標準として定めるのか。暦にも太陽暦、太陰暦などいろいろあって、年にも長短がある。こんなものによって、人の老若を定めるのは、単に人を肉体としてみなしてのことである。

なかには酉《とり》の年生まれとか、巳《み》の年生まれとか、何とか唱えて騒いでいる連中もある。もちろん人が集まって社会をなしている以上は、なにか共通の標準を定めておくのも便利であろう。しかし、人の老若を定めるのに、必ずしも太陽の回転のみをもって数えるには及ぶまい。

それでは、年を取るというのは、いったいどんなことを意味するのか。

昨年はかくかくのことがあったが、今年はそれがなくなった。昨年は酒のために失敗したが、今年はそれが止《や》んだ。昨年は人の悪口をいったが、今年はそれがなくなった。昨年は人をうらやむくせがあったが、今年はそれが止んだというように、自分の決心と実行とが相伴って、より以上の向上発展が実現されたならば、それこそ真《まこと》の年を取ったのである。**暦をくりかえしたからとて、必ずしも老年というのではない。**

そして、この意味で年を取るのは、いたずらに馬齢《ばれい》を加えるのと違って、**星霜《せいそう》を経《へ》れば経るほど精神が若がえり、それこそ老いてますます盛んになり、老衰はしないで、成熟する。**

古来の詩人などには、**人物の価値を定めるには、その人のなした事業で数えるべきだ**といっている人がいる。

なるほど事業を見たなら、その人物を測定する標準となるであろうが、これは他人が観察すべきことで、その人が自らすることのできないものである。

四、五年前に、私は大磯で伊藤公爵（伊藤博文）にお目にかかったことがある。折から少しお暇らしかったので、私はこういう人に会った機会を逃すまいと、公爵に「従来《じゅうらい》お会いの人々のなかで、誰もがもっとも偉いとお感じですか」ということを質問し、かつ「人が偉いというのは、元来なにを標準として測るのでしょうか」と聞いた。

公爵はしばし頭を傾けておられたが、「まあ、なした仕事だろうな」といわれた。公がこのように答えられたのは当然であろう。

自分に「乗り越えるべき山」があるかぎり人は老いない

これに反して青年とは、過去になした仕事よりも、**将来になすべき仕事を数え、その数が多い、すなわち希望抱負に富んでいる者**をいう。

人間がこの世に生まれてくれば、なすべきことはたくさんある。いいかえれば、人間がこの世に帯びてきた使命はたくさんある。

たとえば百の使命を帯びてきたと仮定し、そのうちの十だけを行なったとする。するとその人を測定するのは、その行なった十だけでなく、残りの九十であると思う。しかし、最初に帯びてきた使命のうち、十を遂げ、残るところが九十になったにしても、すでに十の使命を行なったのちは、さらに使命が多くなる。一つの使命を果たせば果たすにしたがって、なすべきことがかぎりなく現われてくる。

いわゆる人間の理想というものはかぎりなく、それが満足に達せられたという限度はない。

ちょうどナポレオンがイタリア征伐《せいばつ》のためにアルプス連山を越えたのと同じようなもので、全軍の将士はこの険峻《けんしゅん》を越えさえすれば、ただちにイタリアの広野に出られると思って、勇を鼓《こ》して進行する。それなのに、ひと山を越えると、さらに険峻な一峰が現われる。越えればまた現われるというふうで、いわゆる「Alps upon Alps」という名句がはじめて活用された。

これと同じく、**理想はこれを達すれば、またあとから続々と現われてきて、とうていすべてを達せられるものではない。**最初には少なかったものが、一つずつなしていくあいだに、さらに新しいものが出てきて、かぎりなくわれわれの活動をうながす。**われわれがまさになすべき仕事を標準とすれば、老いても年は取らない。**

「自分はこれだけ成功した」と思うときから精神の「老化」がはじまる

いたずらに過去を顧み、その仕事を計算するのは、すでに衰えた兆候である。このような人は、年こそ若くても、青年と称することはできない。将来なすべき希望抱負に富み、かつこれを断行する志望と元気のある者がすなわち青年で、春秋に富むというのも、つまりこの意味にほかならないのである。

すなわち老若は、これからなすべき事業の有無とその多少をもって定めるべきものだと思う。**過去になした仕事を数えれば数えるほど、年を取るのである。青年はこれからの理想に富んでいる者でなければならない。**

前途に多くの理想をいだいていることは、青年の特長である。

たとえば百里行く者が六十里、七十里に達し、顧みて「自分はこれだけの成功を収めた」などと思うのは、そろそろ年を取った兆候である。

「百里を行く者は九十里を半《なか》ばとす」というが、その九十里に達すれば、眼前に横たわる道が、さらにふえて百八十里にもなる、すなわち希望と理想がふえてくる。
ここで佐藤一斎翁《さとういっさいおきな》（江戸後期の儒学者）の言を引くと、「人間の体には年寄りと少年の別はあっても、心には老少はない。体の働きには老少があっても、道理には老少はない。是非とも、年寄りだの、若者だのということのない心をもって、万古《ばんこ》に変わらない、老少のない道理を体得しなければならない」とある。

「栄養にならない知識」で腹を満たすな

「青年はなにもかも知らなければならぬ。知識を得るあいだには、世間の悪をも知ることがある。世間を知るためには、少しの悪ぐらい知るのはやむを得ないことである」と教える人がある。しかし私はこれを信じない。**世間の悪いことを知るのは、決して真の知識を得る道ではない。**

同じ知識といっても、そこには段階品位がある。また、これを得る方法によってもその品位が違う。

青年は知識を吸収しなければならぬといっても、悪知識はこれを排斥《はいせき》するのが当然で、子どもらしくして悪知識を得ないからといって、青年として少しもさしつかえない。

人情を知るなら高尚なる人情、世間の事情を見るなら健全なる事情を知るがよい。悪知識まで得るのはかえって、青年がその資格を失うゆえんで、おいぼれた老年に進む捷《けい》径《しょう》（近道）である。

かのゲーテの『ファウスト』でも無用の知識を批判し、人は知らなくてもよいことを知り、知らねばならぬものをかえって知らない、といっているように、ずいぶんわれわれは不必要な知識に食傷しているものである。

そのことを考え、無用な、いやむしろ有害な知識を振りまわし、見なくてもよい縁の下をのぞいては、やれ、あそこに蜘蛛の巣が引っかかっている、こちらには犬の不浄物があるのといいたて、それをりっぱな社会通だなどと得々とするよりは、知らぬが仏だ。

青年は断じて、有害なることを知る必要はない。

2 「小欲」に満足せず「大欲」を抱いて生きる

青年はその特性として、**シンプル（淡泊）**でなければならない。**自然にしたがい、あけっぱなしで、すねたところなく、すらすらとして、少しのひがみもないことが必要だ。**

青年のなかには天性淡泊な者もある。また、若いあいだには淡泊であったが、老年になるにしたがい、世の風波にもまれて、これを失う人もいる。権力ある人の前に出たり、位官のある人に接したりすると、心にもないお世辞を述べ、おじぎばかりする者もある。これは、官位権力を求めるところがあるからで、その人にたよって少しなりとも利益を占めようとする欲心《よくしん》からくるのである。

真の青年は世の中に求めるところが少ない。名誉とか立身とか、つまらぬ小欲《しょうよく》がない。もし欲があるとすれば、それは大欲《たいよく》である。したがって、人に追従をいって機嫌を取ろうともしなければ、また秘密とすることもない。なんらわだかまるところがない。もっとも、このシンプルということも、考え方でいろいろになる。私は、シンプルということには二通りあって、すなわち頭のシンプルなのと、心のシンプルなのとがあると思う。頭はいつまでも単純では困るし、日に日に分化発展しなくてはならないが、ここにいうシンプルとは、後者の意味、すなわち心のシンプルなことを指すのである。

まずい食事をおいしくもてなす

この点に関しても、遺憾ながら私は、日本人は西洋人に劣っているといわなければならない。

かつて日露戦争当時、米国からケナンという通信員が来ていたことがある。彼は大のロシア通であるとともに、また大のロシア嫌いで、私も折々会って彼と語ったことがある。ある晩彼は日露両国人に関し、おもしろい比較談をした。彼の談話はこうである。

「自分はかつてロシアにいた頃、しばしば中流以下の人から晩餐《ばんさん》に招かれた。そのときの料理がいかに粗末であって、食えそうにないものでも、主人は決して食事の粗末なことについて言い訳などしない。彼のもてなしはいかにも飾らない、真情を披歴《ひれき》したものであった。したがって食事はまずいにもかかわらず、非常にうまく愉快に感じた。

ところが日本に来てからは、晩餐の案内を受けると、『まことにお粗末で、お口に合いますまいが……』と長々しい口上を聞かされる。そして食堂に入ってみると、じつに立派なものが食いきれないほど準備してある。が、さて談話となると、淡泊にうちとけたところもなく、なんにも得るところがない。今しがた言い訳をしていたのとはまったく違っている。懇談すると称しても、更にうちとけなくなる。

さてこうなると、日本人のいうことは虚飾があって信用できない。口でいうことが、腹のなかで思っていることであるかどうかうたがわしい。だからといって私は、ご馳走の自慢をしろと勧めるのではない。客を歓迎する方法としては、食物よりも淡泊にうちとけた交際が必要である。たとえ自分がほめられても、はたしてそれが日本人の真情から出たことであるのか、単に人の前でお世辞を述べたものであるのか、わからないから愉快でない。珍味を列《なら》べてご馳走されるけれども、まことに愉快で、真情を披瀝したようなことは、いまだ一度もない。自分は日本国家と国民に対して、多大の同情をもっているが、日本人に対して、どうも親しみの観念が起こらない」

まことに遺憾ではあるが、実際、日本人には淡泊の点がかけている。

「心の軽さ」と「態度の軽さ」を混同してはならない

子どもらしい自然の趣《おもむき》がないのは、わが国民の大きな欠点である。

シンプルは青年としての資格の第一である。私はシンプリシティーを養い、各人が若やいで、先に伸びる余地をつくるようにしたいと思う。

しかし青年は淡泊でなければならぬということを誤解し、無礼でよいと思う人がいる。年長者の前に出ても、ろくに挨拶もせず、あぐらをかいたりして、「オイ、君……」などと対等の取り扱いをしようとする者がある。人をいやしく扱えば、それで自分が高くなるように心得ている人もいる。そして世間では、これを淡泊と誤解している。

淡泊というのは、色気がなくさっぱりとした心の性質で、その心をもって人に交われば、動作がおのずから一定の秩序礼節にかなう。**礼節を欠いたのは淡泊でなく、粗野である。**そのあいだには大差がある。自重心のある者は他人をも重んじて、礼儀正しくするものである。

3 若いうちに「元気を貯蓄」しておくこと

次に青年の特性としてあげるべきことは、元気（エネルギー）に富むことである。**元気のない者は、若くしてすでに老朽となったと同じであって、青年と称することはできない。**

前にも述べたように、青年はつねに将来になすべき多大な希望抱負を持っている。これを遂《と》げて目的に達しようとすれば、元気すなわち勇気が必要となってくる。中途で挫折するような者は、決して青年とはいえない。

金銭を失った者は再び働いて得られることがある。名誉のそこなわれた者は謹慎によって回復されるときがある、しかし勇気の失われた者は再び起《た》つときがない。とゲーテは教えた。

勇気は老人をも若返らせる。七度倒れて八度起きあがるという。勇気ある人はすなわち将来ある人である。

利子を得る生き方・払う生き方

元気はこのように大切である。ゆえに、充分に節約して使用しなければならない。それなのに、青年のあいだには、これを誤解して、いたずらに元気を乱用することを元気があると思っている人がいる。

たとえば、彼は放蕩《ほうとう》しているとか、あるいは徹夜で飲んでいたといえば、なんだか元気旺盛であるように思っている。しかしこれは大きな誤解で、**「自然」に対して負った借金は早晩必ず返さなければならない。返すばかりでなく、しかも高利を払わなければならない。**

私の知っている有力な実業家に、「食物などなんでもかまわない。必要があれば石でも噛む」といって、石をガリガリやって元気を示した人がある。その後注意してみると、その人は歯は総入れ歯となっていた。こんな元気はまるで狂気の沙汰で、まことの元気とは思われない。

要するに、精神的意味において自然にさからうものは、一種のカラ元気である。一時はいかにも偉そうに見えるが、その報いは早晩必ずその身に及んでくる。ゆえに青年は、**元気がなければあらぬとともに、その元気も充分に貯蓄して、むだ使いをしないようにし、そして必要なときにこれを有益に使用することを心がけなければならない。**

大切な元気を乱用すれば、これを失うのみならず、乱用の際に悪い知識を受け、永久の大損失をまぬがれない。

元気を乱用して悪事をなせば、ただ一時のことであっても、このためにその後はつねにこの悪事が深く頭脳のなかに刻印されて、悪い知識となり、読書の際にも、人と談話する折にも、その悪事が髣髴《ほうふつ》として眼前についてまわる。たとえば**頭脳のなかに醜い刻印を捺《お》したようなもので、永久に拭い去ることができない。**

「守るべき領分」は死力をつくしても守る

「人間は世渡りするには、スラリとしてかどが取れなければならない。多少の悪事を行なうのも、人情に通じ、世渡りの秘訣を学ぶことになる」という人がある。この誤解は相当に広く行なわれている。しかしこれは、人の弱点につけ込み、低い水準の交際を勧めているにすぎない。

円満とか円滑とかいえば聞こえはよいが、じつは自分の本領を忘れ、その時と場合に都合のよいようなことばかりし、酒を飲めといわれればはいと答え、たまには悪い場所にも行け、といわれれば、それもよかろうというように、たとえ自分がいいださないにしても、人に雷同《らいどう》してだんだんに深みに落ちていく。

こうして、円満、円満と安心しているうちに、いつしか自分の本城は落ちてしまい、いざというときにたてこもる根城《ねじろ》がなくなる。**円満に世渡りしつつあると思っていても、その人の品性はすでにはるかに堕落しつつあると他人からは思われる。**

もちろん、必要もないのに頑固にいいはることは感服できないが、世の人と笑い興じているときにも、つねに限度を重んじ、**「ここまではよろしい、いくらはいってきてもよい、しかしここから先は許さぬ、一歩でもこのなかを侵したら承知せぬぞ」**という、強いところがなくてはならない。死力をつくして守るべき領分を忘れてはならない。

もちろん、こんな誤解に陥らぬ人には、かどがあるかもしれない。一時は人の前に出ると、窮屈に感じられるかもしれない。**しかしその窮屈を忍び、克己してエネルギーを蓄えていったなら、あとには必ず大いに伸びるであろう。**

八方美人的な世渡りでは、如才なく、人にも好かれ、一時は都合がよいこともあるが、永久に大きく発展することはできない。将来大いになすことあらんという希望と抱負とを持つ人の、とるべき道とは思われない。

人生開花の時期こそ「虫がつかないように」生きる

青年時代は一生のうち、もっとも愉快なる時代である。小さな子どもが早く大きくなって青年になりたいと思い、老人がひき返して再び青年生活をくりかえしたいとうらやむのも、ことさら怪しむには及ばない。しかし青年時代を、単に愉快な時代とのみ思うのは、はなはだしい誤りである。

草木の花爛漫《らんまん》たる季節がもっとも美しい時期であるのは争えないが、この季節を単に美観を呈する時期と思うのは誤りである。草木開花の時期は、実を結ぶための階段である。人の青年時代は、まさに事業に現れるべき思想と元気の成熟せんとする機会である。開花の時期は盛んであるとともに、虫もつき、風雨にもっとも侵されやすいときである。それと同じく**青年時代はもっとも愉快であるとともに、またもっとも危険のあるときである。もっとも慎むべきときである。**

4 二階に住むべき者が三階に住んでもうまくいかない

いかなる職業を選択するのがよいか、ということについて、今日の青年にはすこぶる惑う者が多い。惑うのもまた、むりならぬことである。

仕事といえば、学生には縁が遠いように思われるであろうが、学問も要するに職業に必要な知識を授けるものであるから、職業の選択は同時にまた学問の選択となり、今日すべての青年にもっとも大切な問題である。

職業が人によってさまざまであることはいうまでもないが、その選択の基準は、大ざっぱにいえばきわめて簡単である。つまり、青年自身の性質と嗜好《しこう》にしたがって決めることである。すなわち**自分はこの職業が好きであるか、きらいであるかを見分けて去就を決定するのがいちばんんだ。**

いやな職業を選択すれば、いつまでもその職業に興味を感ずることができず、またたとえ一心に努力したとしても、その目的を達することは容易でない。諺《ことわざ》にも「好きこそものの上手なれ」という。好きなことであれば、おのずからその仕事に興味が湧き、おのずから熱心さが加わり、したがってまた上達する見込みもある。

また、**自分の性質が仕事に適合するかしないかも考えなければならない。**性質が仕事に適合しなければ、両者のあいだに調和を欠き、ピッタリと仕事に身をゆだね、興味を生ずるにはいたらない。だから青年が職業を選択するにあたっては、自分の性質がその職業を好むかどうか、それにふさわしいかどうかを見て決定するのが大切である。

「自分向き」の仕事なら努力の効果も倍になる

ところが世間には、これと反対の意見を有する人がいる。「嗜好《しこう》や性質は、職業の選択に必要な条件であろうが、それが全部とは思われない。たとえ嗜好や性質がある職業に適さなくとも、刻苦して勉励しさえすれば、いつかは上達し成功するものである。要はその人の刻苦勉励いかんによる」という人がある。ちょっと聞くと、いかにも立派で、かつ勇ましく思われる。

しかし、これが職業選択の最良の道と信じることはできない。刻苦勉励すれば、その目的を達する機会は皆無とはいえないだろうが、きわめてまれであると思わなければならない。またたとえ刻苦勉励しようとしても、嗜好や性質に適した職業に対してでなければ、容易にできるものではない。

同じく刻苦勉励するなら、嗜好性質に適した職業に用いたほうがよいと思う。適した職業に用いれば十の成功を得る力も、これを不適当な職業に用いるときは、わずかに二、三の成功を収めるにすぎないであろう。

私の知人に、商業に適する性質であるが、それでは品が悪いから、人品を養うためにキリスト教の学校に入って、牧師になった人がある。ところが、牧師としてはどうも評判がよくない。「あの牧師は涙がない、冷酷である、同情心がない」といわれて、教会員から好かれなかった。私はこのことを聞き、あるときこういったことがある。

「君は涙がないから、涙の出るような仕事をやったなら少しずつなりとも同情心が起こってくるであろう、という考えから牧師になられたそうであるが、それは誤りでないか。不適当な牧師になるよりも、むしろ涙の要らぬ商人となるほうがはるかによくはないか。君は品行が方正である。悪いことをせぬ。だから商人となれば世間からは、あの人は感心な商人である、さすがにキリスト教信者だとほめられるにちがいない。だとすれば、牧師としては多少の非難を受けたにしても、商人としては必ず立派に成功するだろう」

彼は還俗《げんぞく》して商店に入った。そして著しく成功し、かつ好評を受けている。

二階に住むべき者が、三階に住むと思わしくいかない。非常な困苦をなめても、その結果はあまりみごとなものではない。他の適当な職業を求めたなら、大いに発展するはずの人が、職業の選択をあやまったために、かえって発展しないことはたくさんある。だからある職業で成功しようとするには、必ず、まず自分の性質に鑑《かんが》みて決定しなければならない。

フランクリンの将来を決めた父親の「親切な観察」

職業選択の第一基準が、一言でいえばその嗜好にしたがって決めよということにあるのは、以上に述べたごとくである。**嗜好がなければ興味を感じない。したがって上達しない。**これはいかなる場合にも、第一に考えるべき要点である。

しかし、自分の嗜好性質に適したものを求めよというが、はたしてある職業が自分に適しているかどうかを決めるのは容易ならぬことである。自分の嗜好が著しく明白であるときは、ほとんどなんの問題も起こらないであろうが、しかし青年はややもすれば一時の客気《かっき》に駆られ、自分に媚《こ》びやすいものである。

自分では嗜好に適するように思って選択した職業でも、実際には性質に適さず、成功しない人が少なくない。これは、嗜好と思ったものが真の嗜好ではなく、偉い人の事例を見てその人のように出世したいと思い、または職業の外見その他なにかの一時的刺激を受けて自分の嗜好らしく感じるのであろう。だから実際には、反対の結果を生ずることが多い。

私はこんな場合には、**もっともよく自分を知っている友人とか、先輩または両親などに聞いて決定するのがよいと思う。**そしてこの点については、親切に観察してくれれば、私は両親よりも教師のほうがよい注意を与えてくれると思う。

私は、「親切に観察すれば」という文字に、ことに重きを置きたい。なぜかといえば、親切な観察でなければ、その人の潜在的能力や真情はうかがえないと思うからである。

米国のフランクリンは少年時代からすべての仕事に興味をもっていたので、父は彼の職業を決定するのにすこぶる迷った。いかなる仕事がもっとも彼の発展を助けるのであろうかと、さんざん苦心した末、ついに一策を案出し、フランクリンを伴って市街を散歩し、ここの大工、あそこの鍛冶屋というように、各種の商売屋の前にたたずんで見物し、フランクリンがどの職業をもっとも好むか、それを試みたという。

いかに親でも、子のためにこうまで職業の選択に苦心する人はきわめてまれである。たとえ子を愛し、将来の発達を希望する精神はあっても、こうまで細やかに注意する人はきわめて少ない。

ことに今日の日本は過渡時代で、親よりも子どものほうが概して高等な教育を受けている。だから職業選択は、親の力に余り、青年自身の肩にかかっていることを覚悟し、友人先輩の説を聞いて、平生より準備しておかなければならない。

5 どんなに大きな目標も立てるのはタダだ

青年のなかには、志《こころざし》はあるが資力がないために、志を立てることができないと憂うる人もいる。これもまたよく私たちが耳にするところである。

勉強したいけれども学費を払う資金がないとか、書籍を購入することができないという者が多い。私も学生時代には、もう少し金があったらと思ったことが幾度もある。私よりも金の少ない人がこう思うのも無理はない。しかし私は、**金が乏しいからといって決して落胆するには及ばないし、志を立てるのにさしつかえはないと思う。**

自分のことをいうのは恥ずかしいことであるが、私は札幌農学校を卒業し、一時官吏《かんり》

（役人）となったのち、東京へ来て再び帝国大学に入った。自分はすでに家庭をつくって自活し得るだけの教育を授けてもらい、現に自活もしていたのである。それだけの教育を受けた以上は、再び学生になるにしても親戚や他人の厄介にはなるまい、いかなる辛苦をしても自分で学資をつくり、自分で勉強しよう、と決心した。

もちろん大学に入るほどの貯蓄もできていなかったから、上京後は匿名で某雑誌に投書したり、あるいは私学校で教えて学資をつくっていた。

当時、外山先生のもとでスペンサーの社会学の講義を聞いていた。教科書の値段がたしか四円と記憶しているが、それを買うことができない。仕方がないから、大学の図書館に行って、十枚ずつを筆記し、それを用いて講義を聞いたことがある。しかし成績は他の学生にあえて劣りもしなかった。

険しい道も最後まで歩けば「王道」になる

西洋の諺に、「必要は発明の母」とある。困って必要に迫られれば、人間はなんとかして必要に応ずるだけの工夫をする。工夫すればそれ相応の方法が案出されるものである。金がない、書籍がないといって落胆してしまえばそれまでであるが、いやしくもこの境遇にあって工夫さえすれば、方法はいくらでも生まれる。

また、そのくらいの工夫をするのがなによりの学問で、学問の進歩は必ずしも順調に進む者のみの専有物ではない。苦しみに苦しんで、そして磨きだしたところに、光も加わり効果もあるのである。

貧困の人に金持ちになる人が多いというのも、このためである。私は、金がないために志を立てられぬという人に対しては、金のないのはかえって幸いである、みずから工夫練磨する機会を受けるものなり、といいたい。

資力の欠乏に打ちかてば、それだけ志を強くする。少しも落胆するには及ばない。むしろこれを機会として、さらに一段の工夫練磨を積むことを希望したい。

要するに青年が職業なり学問なりを選択するについては、自分の性質に適合するかどうかを研究し、適合していたなら、まじめにその適当とするところに従事すべく、耳触りのよい言葉に迷うことなく、また資力の少ないのに屈せず、ひたすらその目的に向かって邁進する覚悟が必要である。

第二章

「決意の持続力」が人生を決める

——たとえ遅くとも、歩き続けた人間が「人生の勝者」だ

人生は「織物」のようなもの。
こんな人生にしたいという「志（縦糸）」と、
「実行（横糸）」があってはじめて
〝立派な織物〟ができる。

1 何度始めても途中でやめればゼロになる

何かやろうとするとき、最初に志を立てること、すなわち「発心《ほっしん》」は、どんな人でもいくたびとなく経験することである。**「何々をしよう」とか「こんな人になろう」とかいうのは、みな発心である。**

後悔とは、かつて過去においてなしたこと、または思ったことのまちがいを悔《く》いるのであるが、同時に他の一面から見ると、**今後はもはや「するまい」とか「思うまい」とかいうように、〝新たな発心〟となる**のである。

しかし、この発心の実《じつ》をあげることは、なかなか容易ではない。最初は勢いにかられ、熱心に行なうけれど、永続しがたい。たいてい中途でいやになるものである。習性というまでになるあいだには、必ず弛《ゆる》むときがくる。一つの具体的な仕事をするとき、中途で必ずいやになる。最後までいや気を起こさずにやり遂げることは、きわめて少ない。

たとえば小さいことながら、来月からは日記をつけようと定めるが、一年継続することさえも容易ではない。まして十年、二十年ないし一生を通じて、これを継続するのはとくに難事である。

あるいはまた読書の決心をするために、急に部屋のなかを整理し、机の位置を変えるなどして、決心を具体的に表わしても、長くこれを実行することができにくい。

また何かまとまったものを書こうと志しても、八、九分ぐらいになると、いやでいやで耐えられなくなる。いっそ中止しようと思うことさえもある。それを我慢して、やりさえすれば完成する。

これは一人私ばかりでない。ドイツの某大学に有名な教授がいるが、その人は著書などもたくさんある。前年私がこの教授と一夕会談したときに、教授もまた、「書物を書きだして、中途から先になると、いやになってたまらない。一時は中止しようとさえ思う。だが、それを我慢してやれば、いつしか完成するものである」といわれたことがある。

たいていの仕事は、もう一息という大切な場面になって、いやになりがちなものである。それを辛抱してやりさえすれば、必ず目的を遂げる。もしいやになったといって、そのままに中止すれば、もはやそれきりで、そこまで行なったこともダメとなる。いわゆる「九仞《きゅうじん》の功を一簣《いっき》に虧《か》く」のである。

要するに**誰でも、発心しない人はいないが、これを永続させるのが、困難であるとともに、もっとも大切である。**

遅くとも最後まで歩き続けた人間が勝者になる

何事であれ、継続することは困難をともなう。凡人に困難であるのみならず、古来の英雄さえもこれを難《かた》しとしている。

徳川家康の遺訓に、「人の一生は重荷を負うて遠きに行くが如し」とある。重荷を負うことは大いなる苦しみである。それも、一時ちょっと負ってすむなら、たいがいの人々にもできるが、**重荷を負ったまま遠くに行くのはきわめて苦しい。それをくり返しくり返しやるのが継続であって、難儀はここにあると思う。**家康のような英雄さえも、継続の困難と必要とを認めて、切実に説いたのである。

怠らず行かば千里《ちさと》の外《ほか》も見ん
牛の歩みのよし遅くとも

という古歌の示すように、牛歩のように遅くてもよい。**怠らず一歩一歩と進んでいけば、やがて千里の遠きにも達するのは必然である。**

ゲーテの言葉にも「急がず、休まず」とある。**休まずたゆまずやりさえすれば、いつか必ず目的に達するものである。**

しかし人はとかく、少しの障害にでもあうと、ただちに目的を変えてしまう。最後まで辛抱して、やり遂げようという決心に乏しい。

たとえば、小さな芥子《けし》粒のような種子を、土くれのなかに埋めておく。雨を受け、暖かい気候にあって、種子は発芽する。出た芽はすなわち「発心」で、これが厚い大きな土くれを押しのけて、地表に出で、成長し、結実するのがすなわち「継続」である。この継続のあいだに、もし少し強い風でも吹けば、ようやく出た柔らかい芽はたちまちくじかれてしまう。

それと同じく、善をなそうと発心すると、いつしか魔がさしてきて、善をさせまいと妨げる。せっかく発心したことも、バタッと倒されてしまう。このように、最初発心するときは固く決心しても、長いあいだに魔が現われてこれを妨げ、そのあいだには最初の決心も鈍くなるから、継続が非常な難事となる。

「実行のない人生」は「横糸のない織物」のようなもの

しかし、大事をなすにはこの継続心がなければならない。春の野に数知れず芽を萌え出す若菜も、秋になって実を結ぶものは少ない。どんなに秀れた手腕や技量のある人でも、最初の決心を継続して行なわなければ、決して成功しない。

むかし孟子は、青年になって家を出て、先生のもとで学問を勉強していた。しかし、いまだ学問が完成しないのに飄然《ひょうぜん》として家に帰った。おりしも機《はた》を織りかけていた母が、孟子の帰ってきたのを見て、喜んで「もう学問は一人前になりましたか」と聞いたとき、孟子は「いいえ、まだまだ先があります」と答えた。

この瞬間、母は顔色を変え、突然立ってはさみを取り、織りかけていた機《はた》をまん中よりまっ二つに断ち切った。孟子がこのありさまに驚いて、「どうしてそんなことをするのですか」と聞いたら、母は涙を流してこう説き聞かせたという。

「お前がいま、中途で学問をやめて家に帰るのは、母がいまこの機を断ち切ったと同じことです。いま、お前が中途で学問をやめるなら、一生つまらぬ仕事から逃れられず、みずから禍《わざわ》いを求めることになる。母も、お前の腑甲斐ないありさまを見て残念です」

私はこの話が大好きである。きれいに織って素晴らしい織物になすべきものも、途中で断ってしまえば何ものにもならない。人生を織物にたとえるのは、まことに美しい例であって、私の大好きな思想である。

青年が志を立てるのは縦糸を調えるのと同じで、人生のどこからどこまでを、どのように織りなすかという方針を定めて一貫する。しかし縦糸（発心）だけでは織物はできない。横糸（継続）があって、縦糸と交わり、はじめて錦繍《きんしゅう》の美をなす。

ただ一本ずつの横糸であるが、日々これを織っていけば、やがて立派な織物ができる。立志はあっても、毎日たゆみなく継続していかなければものにならない。

縦糸と横糸とがあって織物ができ、立志と日々の実行があってはじめて目的を貫くことができる。

日本人は元来ものにあきやすい国民である。ゆえに、あることに出会ったなら、最後までこれを継続することを決心し、かつ行なうように修養しなければならない。

2 決心を鍛えてくれる「ここだな」の一言

年一回くらいではなく、毎月、毎日、もしくは一日に三度も四度も自分の発心に注意しなければ、いきおいそれが鈍くなりやすい。習慣は第二の天性をつくるというが、毎日幾度となく発心に注意すれば、発心を継続することができる。そのあいだにいつしか習性となる。

それについてもっとも必要なことは、**つねに発心を忘れぬように、心にかけて記憶することである**と思う。

フランクリンはこの継続を実行するために次のような十三の諸徳を定め、小型の手帳をつくり、毎ページに縦横の線を引き、上に曜日をしるし、右側に十三の徳を列記した。内容を要約しておく。

◎節制 飽きるほど食うな、酔うまで飲むな
◎沈黙 自他に利益の無いことを語るな
◎規律 物はすべて場所を決めて置け
◎決断 決心したことは必ず実行せよ
◎節約 金銭を無駄に浪費するな
◎勤勉 時間を空費するな
◎誠実 嘘を言って人を陥れるな
◎正義 他人の利益を損なうことはするな
◎中庸 極端を避けよ、激怒を慎め
◎清潔 身体、衣服、住まいを清潔にせよ
◎平静 小事、日常茶飯事、または避けがたい出来事に平静を失うな

◎**純潔**　性の交わりはもっぱら健康、ないしは子孫のためにのみ行なえ、度が過ぎると頭脳を鈍らせ、身体を弱める

◎**謙譲**　イエスおよびソクラテスに見習え

そしてこれらを毎日の言行とたしかめて、過失のあったときは黒点をつけ、一週間を通じて過失を調べ、第一種の徳に過失がなかったときは次週より第二種の徳に移り、十三週で十三の徳に達し、一年に四回反復して反省したという。毎日反省するから諸徳は継続して実行されるのである。

「毎日の反省」を巻きつけてつくった、ある賢婦人の大きな「決意の玉」

同じような話が日本にもある。むかし長門《ながと》（いまの山口県）の国の萩の藩に瀧鶴台《たきかくだい》という儒者があった。同藩の某《なにがし》の娘に評判の醜女《しこめ》があった。あまりにも醜いので、だれも嫁にもらおうという者がない。しかし、醜女だけに両親はことさらに不憫《ふびん》にたえない。

あるとき娘を呼び、「お前ももはや年頃になったので、嫁《とつ》がなければならぬ。しかし

天性《てんせい》とはいえ、親の欲目から見ても、お前の容姿では思いどおりのところに嫁げるとは思われない。お前の希望があれば、卑賤《ひせん》を選ばぬから、遠慮なく述べよ」といった。

しかし娘は、みだりに人に嫁ぐことを好まなかった。適当な配偶者があるまではといって、少しもあせるようすが見えなかった。

だが、あるとき人に向かい、「私は鶴台《かくだい》先生のほかには嫁ぐ気がない」といったことがある。先生は当時すでに有名な儒学者である。普通の人にさえも嫁ぐことのできない醜女《しこめ》が、どうしてこんな大家の嫁になれるだろう。両親もあまりのことにあきれはてたが、「どうしてお前は先生のところにいきたいというのか」と聞いたら、「先生のところに嫁いで学問をしたい」と答えたという。

この噂を聞いた人々で、女の分不相応な望みを笑わぬ者はなかった。ところが、いつしかこの話が先生の耳に入ると、「この女こそじつに自分を知る者である。必ずよく家を治め、夫を助ける賢婦人であろう。よろしい、私がもらおう」というので、ついに先生とめでたく結婚することになった。

先生の予想にたがわず、この夫人は夫につかえること従順に、ことを行なうこと綿密に、しかもよく勤労し、かりそめにも夫の意をそこなうことなく、また家事のことは一切よく整理して、夫を煩わすようなことがなかった。

　こうして数年、少しも変わったこともなかったが、ある日、夫人の袂《たもと》から、赤糸をくるめた毬《まり》がスルスルと転げ落ち、夫人が狼狽《ろうばい》して拾い取ったことがある。これを見た先生が、「お前ももはや小娘でもあるまいし、暇があるからといって毬をついて遊ぶ齢でもあるまい」とたしなめると、夫人は顔を赤らめて答えた。

「私は平生、善事を行なうことを心にかけておりますが、凡夫の悲しさで、それができません。なんとかして過ちを少なくしたいと思い立ち、赤白二個の毬をつくりました。これをつねに袂のなかに入れておき、心に善意を生じ美挙《びきょ》をなしたときは、白糸を毬に巻きつけ、また悪念悪行があったときは、赤糸を毬に巻きつけ、その大きさを比べて善事悪行の多少を計算し、悪をさけ善につくように努めておりました。

　はじめの一、二年ほどは、赤毬のみがますます大きくなり、白毬は一向に大きさを増しませんでした。が、謹慎に謹慎を加えましたためか、近頃は白糸の毬の大きさが、ようやく赤糸の大きさに匹敵するくらいになりましたが、恥ずかしいことには、まだ白毬が赤毬にまさるようになりません」

　このように、つねに赤白の毬をもって、善念美挙をしよう、邪念悪行をさけたいと心がけていれば、発心したことは継続されるに違いない。私がここでいいたい要点は、**たびたび省みて、発心を忘れぬようにすることである。忘れなければ継続されるものである。**

今の私に育ててくれた「ここだな」の大効用

私が札幌にいたとき、学生とともに、「ここだな」という観念を持つことに努めようと相談し、ついには学生のあいだで「ここだな」という言葉が流行語となってしまったことがある。

むずかしい心理学上とか、倫理学の上から論じれば、善悪の区別を明らかにするのは困難である。しかし日常のことについては、善悪の判断に迷うようなことはきわめて少ない。人のものを盗ったり、人の陰口をいうのは悪である。人のためになることをし、人に恵みを与えるのは善である。このくらいのことは、誰でも、またいつでも判断がつく。

平重盛《たいらのしげもり》は、孝子《こうし》（孝行な子）とならんと欲すればすなわち不忠の臣となり、忠臣たらんと欲すればすなわち不孝の子となり、進退これきわまって苦しんだという。

しかし、このようなことは、彼の日常の生活にしばしばあったことではあるまい。生涯に一度か二度あっただけであろう。また、誰にもこんな問題がつねに起こるとも思われない。

人間日常の事柄は、たいていすぐに黒白の判断がつく。判断がついたら、ただちにその善い考えを実行することに努めたい。

善事を行なおうとするときには、ああ、平生期《へいぜい》しているのは「ここだな」と力を入れて行なう。懶惰《らんだ》に流れそうになったら、平生自分がいましめているのは「ここだな」と省みて、勉強心にたち返るようにする。

どんなに些細なことでもよいから、**平生発心したことに接したとき、「ここだな」という観念を持ちさえすれば、発心は継続され、目的に達し得ることと信じる。**

兵隊ソクラテスのおそるべき「克己心」

どんな些細な事柄を行なうにしても、大きな原則を応用すれば、いつしか原則の極意に達する。

むかしギリシアの哲学者ソクラテスが、兵卒として戦場に出たことがある。将士がすべてのどがかわき、早く清水を飲みたいとせつに願っていたとき、幸いにして清冽《せいれつ》な流れにあったので、将卒は先を争って川に走り、われ先にと水をすくって飲んだ。

ソクラテスはじっとこのありさまを見ていたが、水は逃げるわけもなし、また戦友と争いわれもなしと、ついに水飲みの争いに仲間入りしなかったという。

このような小さなことでさえ、克己を実践するには、「ここだな」と思って実行しさえすれば、克己は継続され、いつしかわがものとなる。

他人はつまらないことと思ったり、何らの注意をはらわない事柄でも、よく注意しさえすれば、継続心を磨く材料になると思う。不熱心、不注意の人は、「ここだな」という観念に気がつかない。なにげなく見過ごしてしまう。

しかし、いかに小さな行ないであっても、そのあいだには偉大な原則が含まれており、この小事を継続して行なっているあいだに、この偉大な原則が会得されるものではあるまいか。

③ 一事に上達すれば、必ず万事に通ずるようになる

ある一事に具体的に熟達すれば、それがいかに些細なことでも、自然に他にも通ずるものである。あれはあれ、これはこれ、と別々のことのように思っているものも、外部に現われない関係は密であって、実際はすべて共通しているものらしい。ゆえに、一をもって十を貫くことができるようである。

私はかつてある人から、こういう話を聞いたことがあった。

むかし、きわめて臆病な武士がある長屋に転居してきた。あるとき隣の商人が来て、「私は剣をたしなむ者でありますが、どうか少しご指南を願いたい」と申し込んだ。

「私は二本差した武士であるが、恥ずかしいことには武芸の心得がないから、ご指南いたすことなど夢にもできません」

「そういわずに、どうかご指南にあずかりたい」といって頼む。

「実際私は剣術の心得がない。恥を述べねばわからぬことであるが、家は貧乏士族で、武芸を学ぶこともできず、また生来非常な臆病者で、どうしても武芸を学ぶことができなかったので、まったくその心得がござらぬ」

「ご謙遜はごもっともですが、ぜひご指南にあずかりたい。私はあなたが武芸にご熟達であるのを承知しております」といって聞きいれないので、武士も困ってしまった。断われば断わるほど、商人は、武士が遠慮しているように思い、ますます強請《ごうせい》する。

「いかに依頼されても、指南することはできない。しかし、どうしてそんなに私が武芸熟達ということを信じるのか」

「日々の動作を拝見して、こうお願いするのであります。あなたが毎日お家へ出入りされ、往来を歩まれる態度を見まして、なかなかに武芸に達した方であると思ったのであります」

「そういわれても困る。実際私は武芸はできぬ。しかし、少年時代から非常に臆病者であったから、どうにかしてこれだけは直したい、胆力を養成したいと志して、それには夜中に凄愴《せいそう》たる墓地に行くにこした方法はないと思い、これを実行した。

はじめてのときは、門のもとまで行くと、すでに恐ろしく感じられ、ブルブル身慄《みぶる》いしながら門をも入らず駆けて帰った。が、毎夜これを継続してやっているあいだに、おいおい胆もすわって、のちには墓地に入っても怖くなくなり、ついには墓石の上で一夜を明かすことを、なんとも感じぬようになった。私のやったことはこれだけで、他に少しも武芸の稽古なぞはいたしたことがござらぬ」

武士がこういうと、町人は、「それでよくわかりました。眼玉のすわり具合、出入りの態度、すべての動作が、凡人と違っていた理由は明らかとなりました」といって帰ってしまったという。

くり返しくり返し継続すれば、いつのまにかその道に上達する。そして、一事に上達すれば他事にも通ずるものである。ゆえに**継続の心がけさえあれば、たとえ行なう事情はことなっても、その結果は同一に現われてくる**ものであろう。

まず「やさしいが少々いやなこと」を毎日続ける

書道でもそうであるようだ。楷書《かいしょ》に熟達した人は、行草書もできる。楷書に必要な筆法は、行草書にも応用されるからである。その楷書に熟達するには、くり返し継続して、身にしみ込むまで習わなければならない。

義経は鞍馬山《くらまやま》で、木の枝を相手にして剣術を稽古したという。木の枝でもよい、熱心に継続してやりさえすれば必ず上達する。ただ、心が相手に執着しているあいだは上達しない。相手にかかわらず、ただ腕を磨く覚悟にならなければなるまい。

そして、それが本物になりさえすれば、剣柔術のみならず、すべての術が精神修養に役立つものと思う。たとえば草を取るにしても、飯を食うにしても、本物になりさえすれば、必ずそれが他のことにも及び、熟達するものであろう。**いわゆるものの極意というのは、すべてに共通するものでありそうだ。**

だから、発心したならば、ただ一筋に邁進《まいしん》するのである。中止せずにたゆまずに進んで止まらぬようにする。途中で障害ができたにしてもこれを排除し、また倒れても起き上がって進み、そうして最後に極意に達するのである。一事の極意に達しさえすれば、他の諸芸にもおのずから通達し得る。

人によって違うが、私は、継続心を修養するのにことさらに偉いこと、むずかしいことを選んで継続するのは、よくないことであろうと思う。最初から偉いことをやろうとすると、まったく失敗に終わることが多かろうと案ぜられる。

もっとも、非凡の人はあるいはこれを継続するかもしれないが、普通の人は、**たやすいことでただ少しいやだなと思うくらいのことを選んで、継続心を鍛錬するとよい。**

たとえば飲食に関係することとか、冷水浴をする、毎日日記をつける、散歩をする、一定の時間には必ず起床する、両親その他の命日には花を捧げるというように、ちょっと見ると何でもないが、ただ少しやりにくいところがあるくらいのことを、くり返して行なうのがよい。行なっているうちに、継続ということが習慣となり、一事に達したものが他にも応用されると思う。

私が二十年来、冷水浴を一日も欠かさない理由

私は継続の修養として冷水浴を実行している。これはすでに二十余年来経験していることで、今日では習性となり、いかなる寒中でも、少しも苦痛を感じなくなった。むずかしいことは、私のような者にはとても長く継続できないと思ったので、少しいやなことぐらいを程度として、冷水浴を始めたのである。

私が札幌の学校を卒業したのは十九歳のときであった。当時は開拓使時代で、学校を卒業した者はいやでもおうでも五年間は道庁に奉職しなければならない義務があったので、私もいよいよ官吏となるべき運命となった。

しかし私は若年で、役人となるには不向きなのと、自分でもぜひ東京へのぼり、その上海外に留学し、もう少し深く勉強したいという念も強く、どうしても役人になるという気になれない。そこで開拓使に対し、奉職の時期を延期してもらいたい、もう少し年も取り学問をした上で、必ず義務期間だけは奉職するから待ってもらいたいと、種々手を尽して請願したが、規定であるから通るはずもなく、私はとうとう役人となってしまった。

当時もらった月給は三十円。私の叔父も、私がともかく三十円の月給取りになり、独立の生活ができるようになったから、嫁をとったらよかろうと忠告してくれたが、私は勉強したかったので、その件は少し待ってもらいたいといって断ってしまった。叔父も種々の辛酸をなめてきた人であるから、別段に強いることもなく、私のいうことを聞いてくれた。

まもなく開拓使が廃止されて、義務奉職の規定がゆるくなった。私はさまざまに運動して、いよいよ東京に出ることになった。当時のうれしさはいまになっても思い出される。

叔父に、東京へ来たらどうするつもりかと問われた。私は、「大学に入って、経済学と英文学を研究したい。資金は別にないけれど、ただ食わせてもらえばそれでよい。小遣いや書籍代はご心配には及びません」といって、いよいよ大学に入ることになった。大学に入ったからには、私は心から大いに勉強しなくてはならぬと痛切に感じ、力の及ぶかぎり勉強しようと決心した。

しかし、一心に勉強するには二つの要件がいる。

第一は、叔父の厄介になって通学するのであるから、この恩に対しても大いに勉強に精を出さなければならない。しかし、人の決心は、最初はいかに堅固であっても、中途でゆるむことがないともかぎらない。何かの刺激があってつねに、「勉強をしなければいけないぞ」ということをうながさなければ、中絶することがないともかぎらない。

もう一つは、これだけの決心をして思いきった勉強をしても、それに耐えるだけの身体がなければならない。病気にかかって、中途に退学するようなことがあっては、自分が遺憾であるのはもちろん、叔父その他の先輩に対してもすまぬことである。

私はこの二点を思い、いかにしたらこの目的にかなうだろうかと、種々に考案してみた。しかし別段に思いつくこともない。そのうちにふと、毎朝冷水を浴びるのがよかろうということを考えついた。

毎朝冷水を浴びるごとに寒いと感じる。この寒さに耐えるのは何のためであるのか。この決心を固めたのは、勉強を忘れぬためではないか。勉強が続くか、冷水浴が中止されるか。私は冷水浴をもって、自分の勉強の尺度としてやろうと決心したのである。

健康に効果があるということは、当時深くは知らなかった。しかし毎朝定めて断行することは自分の決心を固くし、継続するのによいので、やってきたまでである。健康などはむしろ二の次だったのである。

学校のほうは中途で米国へ転じたあと無事にすみ、一度養った冷水浴の習慣は、それ以来継続して今日まで一回も中止したことがない。いまでは一日でも中止すると、もの足らぬ心地がするようになった。

北海道にいたときも欠かしたことがない。同地の寒中はたびたび零下何度となるので、水はたいてい凍ってしまう。ことに夜明けどきの星の見える頃にやると、そうでなくても激しい北海の寒気はいっそうの酷烈《こくれつ》を加える。浴室に入り一杯の冷水を浴びるときは、浴室中が水蒸気で満ち、もうろうとしてあたりを見ることもできないことが多かった。

こんな酷寒のところで無理をして、あまり過度な刺激を身体組織に与えたために、一時病にかかったこともあったが、その後も引き続いて実行している。

「箸の上げおろし」一つからでも継続心は養える

継続することがあまりにもむずかしく、それがためにつねに圧迫を受けるようでは、とてもダメだと思って、たちまちにしてやめてしまうことがある。

また、やめないにしても、その圧迫を制するために多大の活力（エネルギー）を使わなければならないことがある。圧迫を制するために活力を消耗するから、せっかく継続すべき方面に注ぐ活力が欠乏してしまう。いわば大切な活力を浪費するのと同じことになる。それよりも、**毎日ありふれたことを何回となくくり返して、継続することに活力を多く注ぐようにするのがよいと思う。**

たとえば体の小さい力士がこれから相撲を仕込まれるというときは大先輩の横綱や大関からの直伝に若くはないが、日々の稽古はずっと下の力士にして貰うのがよい。はじめから横綱や大関にぶつかったら、稽古よりも肝心の活力を消費してしまう。だから幕下以下の力士に充分揉んで貰うのである。

私のいいたいことは「相撲の手は大切で、悪い癖がついてはいけない。これだけは横綱や大関について学ぶにしても、実地に稽古するには、下級の力士につくがよい」というのである。

継続心の修養という原則は持っていなければならないが、実地にこれを行なうには、むずかしいことよりも、容易なことから入るのがよい。

また、どんなにつまらぬように見えることでも、継続心の修養という原則にしたがって行なうことであれば、なんとなく奥行きが深いように思われる。そして、実際にもまた奥行きが深いのである。

同一のことをしていても、原則にしたがっている人と、原則にかまわずただボンヤリ

と行なっている人とのあいだには大差がある。

その手つき、その足跡を見ると、普通人と同じようであるが、見る人の目には大いに相違しているのがわかる。

たとえまた、一時、見る人に目がないとしても、いつか必ずこれを見分ける人が出るにちがいない。

私は何事をやるにもこの流儀でいきたいと思う。すなわち仕事はどんなに小さくても、これを大きな割り出しからやる。

箸の上げ下ろしのようなことでも、もしこれが何か他人のためにつくすとか、奉公の真心から出るものとすれば、その仕事自身は小さくても、そのなかに含まれている意味は大きい。

原則にしたがって行なえば、つまらぬことでも興味深そうに見える。いや、見えるばかりでなく実際興味がある。大きな力が背後に立っているのである。たとえ些事《さじ》を行なっていても、いつしか我ものとなり、そしてすべての事物にこれを応用することができる。

要するに、何事でも継続はきわめて困難であるが、つねにそのことを忘れぬように記憶し、これを継続し熟達しさえすれば、そのなかに含まれる偉大な原則もおのずから会得され、万事に応用される。

人が大事を成すか否かは、この継続にあるのだから、いかなる困難を排しても、継続心を修養しなければならない。

西洋の諺にも「習慣は第二の天性」というが、日本の諺にも「習うより慣れろ」とある。じつにそのとおりだ。

むかしのラテンの教訓にも「実行は最良の教師なり」といっている。水のしたたりは岩をも穿《うが》つ。これをもって地質学者は水の偉大なる力を説くが、この力は一時に現われる力ではない。まったく継続の力によるのである。

第三章

「克己心」を磨く

――「自分の弱点」を捨てずに利用する知恵

人は「己に克つ」ことで成功し、
「自らを愛する」ことで破れる。

1 ほとんどの人が「克己」の意味をはきちがえている

克己《こっき》とは己《おのれ》に克《か》つことであるが、己といっても、己のどこに克つのであろう。とかく人は、克とうとする相手、すなわち目的物を見誤りやすい。一遍上人《いっぺんしょうにん》の歌に、

心をば心の仇《あだ》と心得て
心のなきを心とは知れ

とあるが、この一首のうちに心という文字は種々の意味に使われ、よい意味もあれば悪い意味もあるようである。

己という文字も同様に、いかなる意味にも用いられる。「己を知る」とか「己に忠なる」とかというときは、よい己を指すが、まずは悪い意味に使うことが多い。そして、この悪い己とは「情欲」のことをいうのである。

さて、己に克つとは情欲を制するという意味であるが、これには第一に、情のなかでもいかなる情が己（すなわちよい意味での真の己）の敵であるのか、つまり、真の己と真の敵を区別理解するのが先決問題である。

その次には、あくまでもこの敵を打ちたいらげる決心が必要だ。すなわち「止悪修善《しあくしゅうぜん》（悪を止め善を修める）」の意志が第二段階である。

『菜根譚《さいこんたん》』にはこういう意味のことが書いてある。

「私欲を抑制する工夫については、それを早く知るようにしないと抑制も容易でないという者がいる。また、それを見破っても抑制するのに忍耐しきれないという者もいる。考えると、それを知るのは魔物を照らす一粒の珠《たま》であり、それを抑制するのはひと振りで魔物を切る知恵の剣であり、両方とも欠くことができない」

情欲を制するには、知識の光と忍耐の力との両者が協力して働かねばならない。

人はややもすれば「影」を追い「影」に克とうとする

世間には、金遣いが荒く、あまりにもずぼらで困るからといって、克己して倹約できるようになろうとする者がある。倹約はよいが、ややもすればそれが一変して吝嗇《りんしょく》（ケチ）に流れやすい。それと同じように吝嗇な人が、もう少し余裕がなければならないというので、一変して極端にずぼらになることもある。これは克つべきものに克たずに、克つべきものの影に克とうとするためではないか。

私の知人のなかに、女性を軽視し、平生「女は敵なり」と罵倒《ばとう》する者がある。しかし、女が敵なりという道理はない。女性に関連して起こる情欲が敵なのである。換言すれば、敵は向こうに見える女ではなく、自分の胸中に湧く情欲である。

このように、**人はややもすれば影を追い、影に克とうとして、その実体を顧みないことがある。**人は往々にして、濁水《だくすい》を見ると、泥だけを捨てようと努めずに、水までこぼしてしまう。ときには器まで投げる者さえある。

また、人の前に出るとなんとなしに怖《お》じ気づく人がある。私の受けとる青年の手紙のなかには、この怖じ気づくくせの矯正を相談してくる者が少なからずある。私も二十歳前後には非常に怖じ気づいた。世間にはきっとこんな人が少なくないであろうと思う。

これに打ち克とうとして、あえて傍若無人《ぼうじゃくぶじん》にふるまい、人の前でことさらにあぐらをかき、失礼なふるまいをする者がある。これはあまりに不自然である。怖じ気づいているよりさらにおかしい。

自分に「高値」をつけようとするから怖じ気づくのだ

この怖じ気を矯正するには、まず怖じ気そのものに克つべきであるか、それとも怖じ気を生みだした敵に克つべきであるのか。敵のありかを突きとめるのが作戦計画の第一である。

人が怖じ気づくというのも、詳しくその動機を解剖すると一つだけではない。たとえば人によく見られたいと思うとか、人からばかにされないように心がけるとか、何か頼みごとがあって、相手の気を損ないたくないとかいうように種々の理由から、人の前に出て怖じ気づく。また女性の前に出ると、たちまちまっ赤になって、言葉も出ない者がいる。あるいは相手に対して無礼と思われるほどにキョトキョトして、下を見たり後ろを見たり、少しも落ち着かない者がある。

外見はまったく女性に怖じ気づいているようだが、その由来を見れば種々の理由がある。つまり、自分があることを気にし、自然に心の中心を失い、狼狽《ろうばい》して不自然となり、怖じ気づくのである。

したがって、直接にこの怖じ気に打ち克とうとしてもだめである。怖じ気が第一の原因ではなく、他の原因から起こった結果であるから、さかのぼってその第一の原因に克つことを心がけなければならない。

要するに、**人からよく思われたいとか、自分の値打ち以上に高く評価されたいとかいう考えがあるからこそ怖じ気づく。自分の値打ちを真価だけしか表に出さないとしたら、少しも怖じ気づくことはない。**

また、真価以上のものに見せようとしても、それはとうてい永続きしない。いわゆる付け焼き刃ははげやすいものである。

だが、世間にはその実体を見ないで、実物ならぬ影を敵とする者が多い。実体を見失って影法師を打っても、何の効果もない。

だから、克つべきものは怖じ気そのものではなく、さらに一段と奥深く潜んでいる欲なり、広義における色気なりである。これを矯正できれば、その結果である怖じ気などは自然に消えてしまう。

外見からすれば真の原因らしく見えることも、よく研究すると第二位、第三位の原因であることが多い。よく見極めて、真の敵である第一位の原因を発見し、これに打ち克つことを心がけ、悪性の根治に努めてもらいたい。

2 ごくごく簡単にできる「克己心強化」の方法

克己するにはどんな方法を用いるべきだろうか。克ちさえすれば、いかに卑劣な方法を用いてもさしつかえないのだろうか。

野球をするときは、ただ勝ちさえすればよい、その方法のいかんを顧みる必要はないという人がいる。また、酒好きな人が禁酒しようとして、酒よりも害の多いアヘンを喫用するようなことは、西洋では少なくない。

こんなことをしては一つの害に克って、さらにはげしい他の害に陥る。「目的は手段の善悪を問わない」というのは、政治上はともかく、個人の道徳上は許されない。克己もまた、正当な手段によらなければならない。

克己を修養するには、最初から大事を目的として、むずかしいことを選ぶのはよくないと思う。

そんなことをしていては、成功しないでかえって失敗の原因となる。だから**毎日出会うことで、少しの心がけでできるくらいのことから始めるのがよい。**

もとより非凡の人であれば、最初から偉大なことを目的としても、これを遂行する見込みが立つであろう。しかしそれは、非凡の人に望むべきことで、平凡な人には期待できない。

私がここに説くのは、平凡な人を相手とし、その方法もまた平凡な人にできるようなものである。次にいくつかの具体的実例をあげてみる。

一、早起きの習慣　朝寝の人が早起きすることは克己の第一歩であろう。眠いとき、寒いとき、起きるのはいやだと思っても、我慢してやっていれば、ついにはいやでなくなる。

二、弱点の矯正　フランクリンは自分の弱点十三カ条を掲げて、毎日自分の行為が弱点に陥りはしないかと反省したという。私も青年の頃、自分の弱点数カ条を表につくって、毎日それに点をつけ、少しずつでも弱点矯正に努めたことがある（55ページ）。

三、性急の人　こんな人は、時を定めてゆったりとする習慣を養成するのがよい。たとえば飯をあまりにも急いで食べる人は、いつものとおりにかき込もうとするとき、自分が注意しているのは「ここだな」と思って、これを改める。それをくり返しているあいだに、いつか性急さも矯正される。

四、憎悪の矯正　これも平生注意して、なるべく人の長所美点を観察しようと努めれば、矯正できるものである。私も以前、人を見るといやな気がしたり、しゃくにさわったりすることがあった。私はこの欠点を矯正しようとして、いやと思ったときは種々の想像をたくましくし、または努めて他の長所美点を観察することにした。こうして人の長所を見るように努めていると、最初はややもすればいやなやつと思うこともあったが、のちにはたいていの人に会っても、いやなやつという感じがしなくなった。

五、憤怒《ふんぬ》の抑制

また、札幌農学校で教授をしていた頃、私は学生がしゃくにさわるようなことを行なっても、決して怒るまいと決心し、受け持ちの時間に教室の扉をあけて入ろうとするとき、扉の握りをつかみ、「生徒は大切である。たとえ無礼なことがあり、またはしゃくにさわることがあっても、必ず親切に導かねばならない」ということを思い、なるべくみだりに怒らぬことを心がけた。しかしそれでも、教室に入っていると、いつしかこの心がけを忘れることもあった。

六、他力による修養

また、他人の力を借りて、互いに克己することも一つの方法である。私の知っているある女学校の寄宿舎では、一室内の三十五人が相談して、仲間のあいだでは決して他人の悪口をいうまいと互いに約束し、現に良い成績をあげている。また、自室では決して野卑な話を交わさないと約束しており、もし野卑なことをいいたくなったら他室に行き、室内だけは神聖としてある。凡夫であるから、必ずしもすべてを聖人のようにふるまうことは望めない。しかしこのように互いに誓うときは、その面目にかけてもこれを励行する気になる。

「思い立ったことから着手する」のが克己の近道

要するに、**どんなことでもよいから、少しいやだと思うくらいのことであれば、手当たりしだいやってみて、それによって修養を積むことができる。**ときには危険なこともあろうが、その及ぼす利益は一部にとどまらない。

たとえば剣術を習う人は棒を吊り下げて、これを敵と仮定して打ちこみの稽古をする。相手は一本の棒に過ぎないけれども、これによって手腕を練《ね》っておくと、不時の場合は立派に応用できる。これまで述べたこともまた同じである。その一つに通じれば他の方面にも応用することができる。だから一カ条ずつでもよい。気づいたことから着手するのがいちばんである。

なかには、こんな細かなことに注意していては生命が短くなり、人間がのんびりしなくなるという者もいる。

しかし、他に容易な方法で、克己しながら気ものんびりできるようなことがあるだろうか。あればもっとも便利だが、おそらくはあるまい。

気のせわしい人がゆったりしたり、怒りやすい人が怒らない人になり得る方法が、これまでに述べた方法以外にあればよいが、私はまだ適当な方法を知らない。かりにあったとしても、われわれ凡夫は、まだそれを採用するまでに進歩していない。「何々するなかれ」という教訓で進むのが順当であろう。

「心配」ではなく「心がけ」を蓄えよ

日頃の心がけさえあれば、大事に際しても泰然自若《たいぜんじじゃく》としていられる。私の知っている老人が、物の食いだめと心配のしだめは役に立たないといったことがある。まことに金言であると思う。

いかに山海の珍味でも、三日分までも食いだめることはできない。また、ああしたらどうだろう、こうしたらどうだろうと、前々からいろいろ心配したとしても、人力の及ばぬ天変地異が不意に起こって役に立たなくなることがある。

空腹になってもただちに餓死《がし》しないのは、食いだめしたためではなく、平時に良好な栄養をとり、飢渇《きかつ》に耐える力が内部に潜んでいるからである。天変地異が突如として起こったとしても泰然自若としてあえて驚かないのは、平生の心がけがあるからである。つまらないことも、積もれば案外強力なものとなる。

そうはいっても、大事を怠って小事にだけ注意せよというわけではない。**小事を積んではじめて大事を行なう力ができるのである。**

南洲《なんしゅう》(西郷隆盛の雅号)の言葉に「事《こと》に臨んで動かず」とあるが、事の起こったときにはじめて心が現われるのではなく、平生より養った力が、事にあうたびに形を変えて現われるのである。

人が国のため、親のために一身を犠牲にして笑って死におもむくのは、一朝にしてできることではない。毎日己に克ち、己以上のことに身を捨てることが段々と重なりあって、ようやくできることである。もとより天性剛邁《ごうまい》な人は、平生の修養がなくとも事に臨んで自若たり得るであろう。ただしこれは非凡の人で、通常人の例とすることはできない。凡人はどこまでも細事を細事とせずに修養するのがよい。

克己は、とかく小事に当たって実行すべきものが多いのみならず、実行するについて、辛いと感じる時間もはなはだ短いものと思う。我慢するあいだは長いようでも、時計を出して計れば、ほんのわずかの時間である。

佐藤一斎先生の言にも、「克己の工夫一呼吸の間《かん》に在《あ》り」とある通りだ。

細事によって鍛える克己心は、年とともに強くなるのが普通だが、もうここまできたら大丈夫と油断をすると、せっかく積み上げた堂も崩れてしまう。

西郷南洲翁の教えにも、

「すべて人は己に克つをもって成り、みずから愛するをもって敗れる。古今の人物を見よ。事業を創《はじ》める人その十中七八まではよくこれを成し得れども、残り二つを終わりまで成し得る人の稀《まれ》なるは、はじめはよく己を慎みことを敬するがゆえに功立ち名顕《なあらわ》れるゆえんなり。しかし功立ち名顕れるに及んでや、いつしかみずから愛する心起こる」とある。味わうべき言葉である。

3 克己にも人それぞれの「適度」がある

己に克つといっても、克つには程度があるのではないだろうか。どこまで克てばよいのだろうか。

たとえば酒飲みが己に克つとすれば、まったく一滴も飲まないのも、あるいは適当に節酒するのも克己といえるが、いったいどの程度がよいのか。

また、朝寝の人が克己して、早起きしようと決心したとしても、何時に起きるのが克己なのか。五時に起きるのも克己、二時三時に起きるのも克己なら、机上の議論をおし進めればまったく寝ないのが最上の克己となるだろう。

これは極端な例を示したのであるが、その他の事柄にもまた必ず一定の程度というものがあるだろう。これについては、常識で推定するほかに具体的に示す方法はない。

かつて毎朝食事をともにして通学していた学生の兄弟があった。弟は食事のたびごとに苦情をいう。甘いとか辛いとか、硬いとか軟らかいとか、あれは好きだがこれはきらいとかいって、つねに不平が絶えなかった。

兄もついに怒り、「きさまのように食事に不平を唱える者があるか。親の恵みで安全に食い、幸いに通学までさせてもらっておりながら、天から降ったかのごとく不平をいう。不埒《ふらち》千万である。自分の力で自分の好むものを食べるときになったならともかく、いまの身分で不平をいうのは不心得である」とどなった。

ところがあとになって、兄は胃がすこぶる健全なのに反し、弟は胃弱であったことがわかり、兄も気の毒な思いをしたという。兄の胃は何ものでも受けつけるが、胃弱の弟は生理上から苦情を持ちださざるを得なかったのである。

色情にしても、すこぶる冷淡な人もあれば多情な人もある。金銭欲にしても、生まれつき貪婪《どんらん》な人もあれば淡泊な人もある。その性質、その生理上からして一様に見ることはできない。したがって、**克己の程度なるものは常識で判断するほかない**と思う。

「有害な雑草」も育て方、使い方しだいで役に立つ

克己すべき弱点も、第一の原因にさかのぼり動機を正せば、これを善用することができる。有害とみなされた雑草も、適当な耕作法や料理法を発見すれば、有益な作物に変わる。すなわち弱点とされたことも、有益に利用されると思う。

たとえば、生まれつき多弁な人が、「自分の弱点は多弁にある。克己してこれを直そう」と決心したとする。もしこの克己を極端に行なったとしたら、一言も話すことができなくなってしまう。

多弁な者が克己するのは、多弁から起こる弊害を改めるためである。だからこの場合には多弁を善用すればよい。

詳しくいえば、多弁そのものが悪いのではない。悪いのは、いたずらに弁を弄《ろう》し、人の悪口をいい、人の感情を害することをいい、あるいは卑猥《ひわい》な言葉を吐いて世に害毒を流す点にある。だから克己してこの欠点を直したなら、有害な多弁は除かれて、よい方

面の多弁となり、舌は善を行なう器となる。

多弁も善用すればよいのである。孟子は多弁であった。善いことを語る多弁はいっそう利益がある。もし孟子が多弁をきらい、沈黙を守っていたならば、国家を料理し万世《ばんせい》の教えをたれることはできなかったであろう。ゆえに、**弱点と信じたことは、その根本にさかのぼってこれを抑制するとともに、これを善用するように心がけたい。**

「小さい我」を捨ててはじめて「大きな我」が得られる

以上に述べたように、行為の動機を正しくしたならば、どんな弱点に克つのか、どんな方法で克己するのか、またどの程度まで克己するのか、などについてはほとんど議論の余地もないことになる。

孔子は「七十にして心の欲するところに従えども矩《のり》を踰《こ》えず」といっている。**心の欲するところを行なっても程度を越えないというのが、最高の克己だろうと思う。**おそらくは、外部の道と己の心とが一致し、努力せずに何かを行なっても道をはずれないのである。

一般公衆の善とするところと、己の利とが別なものではない。ゆえに己の欲するところをどしどし行なっても、それがただちに一般公衆の利となる。すなわち小我《しょうが》がなくなり、世界をもって大我《たいが》とするから、することなすことが矩《のり》を踰《こ》えないのである。

この境遇に達するには、小我を捨てねばならない。普通にいう己、すなわち公の利益に反した一個人の利益を捨てることになる。これは己に克って克って克ちぬき、そうして己を殺すことによって達せられるのである。

もちろん、この場合に殺される己は悪い己である。悪い己を殺してますます発揮される己は真の己である。

この犠牲的な思想がなければ、世界の進歩は望まれない。たしかレッキー（アイルランドの歴史家）であったと思うが、「犠牲は進歩の法則であり、利己は非生産的である」といっている。

いやしくも大功を世に遂げた人は、すべて己を捨てている。君主のために己を捨てた臣もいる。貞操のために己を捨てた女性もいる。父のために己を捨てた子もいる。国家のため屍《しかばね》を戦場にさらした勇士もいる。義のため主義のために己を捨てた者もいる。このように、何か自分よりも偉大なもののために一生を投げうってこそ歴史は生きてくる。

『忠臣蔵』がおもしろいのも、大野九太夫のような者が己のために算盤《そろばん》の桝目《ますめ》をごまかすのに対し、己の名誉財産はもとより、身命までも投げだした大石内蔵助《おおいしくらのすけ》がいるためである。

己の生命を捨ててはじめて大いなる命を得、小我を捨ててはじめて大我を得るのである。克己して己に克ちおえたとき、はじめて真の己に達するのである。

普通にいう己とは、ちょうど腹のなかにいる回虫のようなものである。だからこれを駆除しなければ、せっかくの食物もすべてこの虫に吸いとられてしまう。サントニン(回虫駆除薬の一種)を飲めば虫は駆除されて健全な胃だけが残る。それと同じで、さらにいっそう大いなることのために、普通にいう己、つまり小我を除き捨てなければ、克己の最高目的に達したものということはできない。

ゲーテは、「己を殺すことはこれ生命のもとなり」という。克己はここに至って完全なものになると思う。

キリストが十字架にかけられてあらゆる恥辱と苦痛をなめても、自分の信ずるところを守って身を殺したときに己に克ったのであり、己に克ったときに世界にも打ち勝ったのである。最後に「われ世に勝てり」と叫んだときは、キリストは克己の最高の模範を世に示したのであった。

第四章

「勇気」を養う

――「より強い自分」をつくる

前に進むことだけが「勇気」ではない。
時にはじっと耐えることもまた「勇気」。
「進む勇気」と「退く勇気」が
揃ってこそ、真の勇気が得られる。

1　生まれつきの臆病につける「薬」

勇気は徳のなかでもきわめてわかりやすいもので、どんな野蛮人でも、恐らくは動物でも理解し得る徳の一つである。

ことに、同じ勇気でも、いわゆる匹夫《ひっぷ》の勇、すなわち英語で physical courage（物質的勇）と称するものは、子どもにも感心されるものであるだけに、またその修養法もいたって容易であると思われる。

もちろんナポレオンが千軍万馬《せんぐんばんば》のあいだに戦闘した、あのような勇気ある行動は誰にでもできるとはいえず、また普通一般の人々が、そういう勇気を修養する必要はないとしても、ある程度までの勇気は誰にでも修養でき、また修養することが必要だと信じている。

そうはいうものの、私は決して匹夫の勇だけをほめる考えはない。いわゆる大勇は道徳的勇であって、これはひとかたならぬ鍛錬を要する。なぜなら、大勇は複雑な性質を持ち、たとえば礼とか義とかをしっかり心得なければ、理解しがたいものである。

『論語』に「君子勇ありて義なければ乱をなす、小人勇ありて義なければ盗をなす」、また「君子は勇にして礼なき者を悪《にく》む」などとあって、物質的勇にかたよる匹夫の勇を排している。孔子の有名な言葉に「義を見てせざるは勇なきなり」とあるのを味わえば、勇とは義を見てなすの意であると思う。**真の勇は徳義をぬきにして存在しない。**

「仁者は必ず勇あり。勇者必ずしも仁ならず」とあることからも明瞭である。

このようなわけだから、勇気だけ別に養うことはできないが、他のことはすでにいくぶんかできたとみなして、ここでは単に勇気のことだけを話したいと思う。

臆病な人はたいてい神経質な人に多い。神経質であるからちょっと機転が利いている。小利口で活発である。しかし勇気のある人は、茫《ぼう》として大きいようなところがある。ちょっと見ると、無神経かと思われるような人に、勇気に富んだ人が多い。

私も少年時代は小利口の仲間で、たしかに臆病なほうであった。いまでもあえて勇気があるとはいえないけれども……。

少し注意さえすれば、毎日出会うこまかなことに耐えるほどの勇気は、誰にでも行なえる。一年に一度とか二年に一度くらい起こる、やや重大な事件に対してでも、耐えるだけの勇気は修養される。一命にかかわる大病とか、一命にかかわる出来事に耐えるのも、修養さえすればできると思う。

私はまだ充分に修養もしていないし、また戦場で命を投げだすような機会にあったこともない。いわゆる大勇などを出すべき境界《きょうがい》に達しない。しかし修養さえすれば、いかに臆病な人でもある程度まで達し得るのはたしかである。そこで、自分で経験した、誰にでもできる勇気の修養を述べてみよう。

シェークスピアと孟子の「共通点」

第一に勇気の修養に必要な心得は、「正を守りて恐れることなかれ」というシェークスピアの名言を守ることである。

「正を守る」というのは勇気の根本で、「恐れるなかれ」はすなわち勇気である。正を守ることは勇気修養の最大条件で、正義に基礎を置かない勇気は匹夫の勇である。猛獣的勇である。ただ自分の意思に任せて、勝手にふるまうのである。それならばそこらにいる獣にでもできる。修養も何もいらないことになる。

真の勇気はそんなものではない。どこまでも正義を守ったものでなければならない。匹夫的に力むのが真の勇気でないことは、古人もくり返しくり返し教えている。

正義を基礎とした勇気があれば、死というものにあっても恐ろしくなくなる。カーライル（イギリスの思想家・歴史家）は、「死を面前に恐れずに見ることができれば、他に恐るべきものはない」といっている。**義を守るようにすることが、勇気修養の第一歩である。**

先に『論語』から引用したように、義のない勇気は乱をなすか盗をなし、危険である。だから孟子も、「自分の行ないを省みて正しいという信念ができたときは、相手が千万人あっても自分は進んでいく」といっている。

最悪の事態に備えて「心配の免疫」をつくっておく

第二の方法は、**何かをするとき、またはある出来事に出会ったとき、「これが極度に**

まで達したならどうなってしまうだろうか、最後にはどこに達するだろうか」と考えてみることである。

たとえば対岸に火事がある。もしあの火が自分の家まで来たらどうするか、そのときの決心をする。妻が風邪にでもかかったとき、もしこれが悪くなって、ついには回復しないかもわからない。また自分が病気にかかった場合にも、そのために再び起《た》てぬことにもなりかねない。そのときにはいかに決心するか。

このように先の先まで考えることは、早まり過ぎかもしれない。しかしそのかわり、これだけ決心していれば、病気が進んだにしても、あえて狼狽《ろうばい》することがない。家が焼けても騒ぎたてることがない。

むろんこう考え過ぎることには危険がないでもないが、これだけの覚悟をしておけば、不幸にして病が重くなっても、あるいは家が類焼しても驚かない。もし病気が回復したなら、それは拾いものだと思えばよい。人間は悪い状態にあるのが当然で、都合のよいのは望外と思わなければならない。

私は三度の飯さえも、自分には食う権利がない、それが食えるのはありがたいと思っている。こういうと、君子を気取るように思う人がいるかもしれないが、君子はもっと高いことを考えるだろう。

しかしありていにいえば、私は三度、三度そう感じている。だから食事のときには頭を下げ、こうして満足に飯が食えるのはありがたいと感謝する。少し世間を見渡せば、飯を食えぬ人が何万人いるかしれない。ところが自分は食うに困らずにいる。ときには相当なものさえも口にすることがある。ひもじい思いをしたり、苦しい目にあうのが当たり前なときに、こうしていられる。ありがたいと思う。したがって私は、食事に関してあれこれ苦情をいったことはまだ一度もない。

要するに、良好なことは自分にとってはもったいないことで、こんなよいことは長く続くはずがない。いつか自分に悪いときが来るだろう。そのときにはどうするかを考えて、早く決心する。したがって何事につけても、恐ろしいということがなくなる。

都合の悪いときは「その裏を見る」ことが大切

第三には、先に述べたことと正反対のようだが、**都合の悪いときにその裏を見るのも**

大切である。

西洋の詩などを見ると、「まっ黒い雲の陰に銀の裏がついている」と形容したものがある。黒雲漠々《ばくばく》として天の一方を覆《おお》っているときに、そのはしばしに白い雲が見えることがある。あれを見ると、ははあ、太陽が輝いているなと思う。恐ろしい黒雲の裏面にも輝いた光がある。あの黒雲を破っていけば、輝かしい光明に接する思いがする。

聖書では、「神は愛する者を苦しめる」という。神は人を叱ることもあるが、決して叱りっぱなしにするものではない。叱るのは叱り甲斐があると見るからで、その裏面には深き愛情がこもっている。

だから、せっぱつまっていよいよ今度はだめだと思うとき、一大奮起すると、年来の苦悶も何もかもまたたくまに消滅することがある。

こういうときが生死の境界だ。胆力をなくせば地獄、気を強く持てば極楽往生、一つ飛べば昇天、一足はずせば堕落のときである。このような困難はかえっていつか快楽に達する順序であると思えば、困難にあっても少しも落胆することなく、かえって愉快に勇気が湧き出る。

「大きな不幸」を頭のなかで体験すれば目の前の不幸は小さく見える

第四の方法はやや姑息《こそく》で、笑う人もいるかもしれないが、私のように生まれつき臆病な者には効き目があると思う。それは、**もっともはげしい苦痛の襲来することを想像し、あらゆる悪が来たときのことを思い浮かべるのである。**

たとえば大火事があって家が全焼したと考えてみる。家族はすべて焼死してしまう。自分も重傷を受けて危篤《きとく》となり、とりあえず病院にかつぎこまれる。また、何かの事故でいまの職をやめさせられ、明日からは収入の途《みち》がなくなる。そしてある誤解から不都合な評判が広がり、警察に拘引《こういん》される。こんなことになったら自分はどうなるであろうか、と想像してみる。これは感情的な人でなければ、想像できないことである。

私は自分でこれを想像すると、たちまちその境遇にあるように感じられる。もとよりそんな不幸なことが連発することは通常はあり得ないとしても、想像すれば、ありありとその光景が目前に髣髴《ほうふつ》としてくる。また船に乗ったとして、難破にあったらどうか。次から次と悲惨な事件を想像すれば、実際その渦中にあるように思われ、われしらずブルブルと身がふるえる。そうして、いまの境遇をこれに比べればほとんど比較にもならないし、このくらいのことに耐えられないことがあるものかと思うと、勇気が自然に湧いてくる。

先にあげた第二の方法は、実際に災難にあった場合に、窮極のところを考えるのであるが、これはまったくの空想にとどまる。事実も何もない。こんな場合があったらば……というにすぎない。だからこの両者は少し違っている。

しかし、こうしてもっとも悪い場合を仮定すれば、それよりもはるかにましである今日の困難苦痛に対し、これに打ち勝とうとする勇気は自然に湧き出てくる。

尊敬する人の「足跡」を自分の足で歩いてみる

自分が尊敬する人の伝記を読むことも勇気を修養する一方法である。

ある本を読んで、こういう場合にこの人はこうしたということがわかれば、それに倣《なら》おうとする心が起こる。あの人はやった、自分にもできないことはないと、懦夫《だふ》（臆病者）も奮い立つ。

偉人の伝記は、人を感化する力を持っており、勇気を鼓舞することが多い。世の中に出て、名をあげ仕事をなしたくらいの人は必ず勇気がある。勇気のない人に仕事ができるはずがない。

したがって、必ずしも偉人豪傑の伝記でなくとも、多少世に出た人のものであれば、読んで勇気を養う助けとなる。「彼も人なり、われも人なり、尭舜《ぎょうしゅん》なんぴとぞ（尭も舜も古代中国の聖王とされる）」という考えがにわかに起こってくる。

他人との「比較」から生まれる勇気もある

偉大な人物でなくても、自分の身近な人のやったことを記憶するのも、また勇気の修養の一つとなる。それは親族でもよい。友人でもさしつかえない。

遠い例を引かなくても、私個人についてもそうである。

流転《るてん》の世の中とはいいながら、私の家は実に浮沈《ふちん》が多かった。私の三代前は儒者であったが、花巻（岩手県）の築城について藩主と意見を異にしたため流罪に処せられ、祖父も藩政に関して同僚と意見が衝突して唐丸籠《とうまるかご》（江戸時代、罪人を護送するのに用いた竹籠）に乗せられ、父は切腹したと噂された。もっとも父は無実であったが、閉門《へいもん》（謹慎）をおおせつかったことがしばしばある。

三代も続いて不幸な目にあっているが、その犯した罪は破廉恥罪《はれんちざい》ではない。事変のあるたびに所領を没収され、またそのうちに回復はしたものの、代々の浮沈がはなはだしかった。

私はこれら先代の運命を思うとき、こうして私が官の扶持《ふち》をもらっているのも不思議なように思われる。私は政治に口をきくでもなく、ただ学生の子守りをしているようなものだが、私はつねに公衆に向かって勝手な演説をしている。私のいったことについて、あげ足をとろうとすればいくらでもとる機会はある。いつでも世人に乗ずべき余地を与えているようなものである。それでもこうして無事でいられるのは、むしろ奇妙に感じるくらいである。

だから、たとえ自分の一身上に何か事が起こったとしても、破廉恥罪に関しないかぎりは、「先代さえもああいう不幸にあっている。自分がこのくらいの不幸にあうのは当然である」と思い、少しも恐ろしくない。

つまり、私の先代にいろいろ恐ろしい不幸な事変があったので、その不幸に比べれば何でもないと思い、自然に勇気も出て、たいていのことはやりぬける自信をいだく。

2 「前進する勇気」と「退《しりぞ》いて守る勇気」

しかしここに、注意すべきことがある。普通勇気と称する力には二種類ある。ものに耐える力は英語の fortitude で、courage とは少し違う。徳川家康の遺訓に「人の一生は重荷を負うて遠き道を行くが如し」とある。この重荷を負うというのは耐えることで、fortitude に当たる。重荷を負って遠き道を行くというのはすなわち courage である。

この耐えるほうの勇気は女性に多いようである。女性のなかにはずいぶんよく辛苦に耐える人がある。聞くといかにも不憫《ふびん》で、さぞ苦しかろうと思われる境遇にありながら、しかもそれをじっと辛抱している人がたくさんいる。女性の耐える力は実に偉大である。かの有名な、

君がためいとど命の惜《お》しきかな
かかる憂き目を見せじと思えば

の一首を詠じた千枝女《ちえじょ》などは、この点においては模範である。この歌には、彼女の父親が赤貧のうちに病気にかかったとき、父に心配をかけまいと苦心惨憺《さんたん》する彼女の心底が表わされている。

一方、courage の勇気はすこぶる派手である。青年はその派手なために、とかくこれに傾きやすくなる。しないでもよいことをやる。よく、腕が鳴ってたまらないなどといって乱暴をしたり、物騒なことをする者がある。あまり派手なために、やるべきときと引っ込んでいるべきときとの区別がわからなくなりやすい。

「真勇は怯《きょう》のごとし」

行なってはいけないときに、うんと耐えて堪忍袋を締めることは、地味で人目に立たない。行なうほうの勇気は進取的で、野次馬も加わり、けしかけもするから、自分もおもしろく、つい乗り気になる。

しかし、**行なってはいけないときにそれを忍ぶことは非常にむずかしい。**世には、名利を捨てて引っこみ、目前にある名誉利益に知らないふりをして本分を守ることが必要なときもある。この場合はちょっと見ても、勇ましいところが現われない。しかし、必要な勇気の量は、派手で進取的な場合に比べても同じか、あるいはさらに多いだろう。

普通の勇気ならば進むのに惰力がある。捨てておいてもその力で進んでいく。加えて、他から野次馬がこれに力を貸す。ますます派手で立派に見える。

しかし、耐えるというのは、消極的に見えて人の注目が少ない。「真勇は怯《きょう》のごとし」と古人の言にもある。沈勇《ちんゆう》というような人でなければ耐えることはできない。

人におだてられて乗り出したくなるときは、「ちょっと待て、ここはおれの出る幕ではない。おれの現われる幕はこの次だ」と自分で時を計る明察力を要する。

勇気を修養する人は、進むほうの勇ばかりでなく、退いて守るほうの沈勇もまた養うように心がけなければならない。両者がそろってこそ、真の勇気が得られる。

第五章

「自分の顔」に自信を持て

――信念を持って進めばなにも恐れるべきものはない

歩いていればホコリをかぶるし、雨にも降られる。
他人から「悪口」を言われてもそれと同じことで、
意に介する必要はない。

1 大きすぎる「看板」の功罪

一般に人の心を動かすもの、すなわち人の行為をうながす動機のなかで、もっとも強力なものが四つあると思う。

名誉・権力・利益・色情がそれである。むろん、人の行為をうながすものはこれだけでないが、ここにあげた四つの動機は、人間の十中八九までを動かす力を持ち、かつこれらの動機は誰でもいくらか持っている。ここでは、そのなかでも名誉を求める欲について述べたい。

それでは、名誉とは何であるかというと、読んで字のごとく名《な》と誉《ほまれ》とである。名という字は重くも軽くもとれる文字で、学者だろうが俗人だろうが、すべてに通じて軽重いずれにも用いられている。

シェークスピアの作品のなかには、「名こそわが生命なれ。ひとたび死すれば身体は亡くなり魂もどこへ行くかわからぬが、ひとり名のみは永く地上に残る」とある。またわが国の諺《ことわざ》にも、「虎は死して皮を留《とど》め、人は死して名を残す」（虎は死んでもその皮が珍重されるように、人は名誉や功績によって死後も名を残す）などと教えて、名を重く見た例がたくさんある。

名誉というときも、概してよい意味に用いられ、「名の誉《ほまれ》」すなわち名を持つ人の仕事が世に美しく伝わるのを名誉といい、世人はその名を聞けば快い念を起こし、その持ち主に尊敬を払うのである。

しかし世の中には、誉を受けるに値しないのにほめられたがる人がいることは、しばしば見られるとおりである。

いわゆる虚名《きょめい》とは「実《じつ》なき名」を求めることである。臆病者でありながらあっぱれな勇者の名を持とうとしたり、無学でありながら知識ある人のように思われたがる類《たぐい》は、世間によく見られることである。

それならば名誉心はよくないかというと、必ずしもそうばかりでない。名誉の生じてくるところいかんによっては受けるべきものもあり、避けるべきものもある。正当な道を踏み、自然に来た名誉は、これを拒む必要がない。ただ、名誉を受けたためにかえって正道を踏む邪魔になるなら、これを避けるもよし、拒むも悪くない。それはその人々の考えしだいである。

実《じつ》にもとづいた名を得るのはさしつかえないが、得た名のために実を励むことをゆるがせにする恐れがあれば、名を避けるのが至当である。

要するに、**実を伴った名を取るのはさしつかえないが、両者のなかでいずれかその一つを選ぶ場合には、むろん実を取るべきである。**

孟子も、「名声が自分の実情や実力以上になることを君子はむしろ恥とする」といっている。

落とし穴を掘ったつもりが「自分の墓穴」を掘ることもある

私はかつてこういう話を聞いたことがある。ある人が知人のもとに行き、これこれの地位を求めたいと頼んだ。そのときに、すでにその地位にいる人にいろいろよくない評判があるとか、いつまでもあの人を置くとあなたにまで迷惑を及ぼすことがあるかもしれないとかいって、現任者を非難し、その人を解任して自分を後釜にすえてもらいたいことを暗にほのめかした。

知人は静かにこれを聞いていたが、「なるほどあの人も適任者ではないかもしれないが、しかし君のようにみだりに人を讒謗《ざんぼう》しないだけ上品だ。他にあの人以上の者がいれば別だが、さもなければ当分あのままにしておきたい」といったそうである。

人の悪口をいうのは、自分の下劣なことを自白するようなもので、もっとも聞き苦しいことである。自分を上げるために人を下げようとすることほど、心がいやしく、醜いことはない。

名誉そのものは悪くないにしても、これを得るために人を陥れようとする心はもっとも悪い。そしてこのようなことは私たちが日常にしばしば見聞するところである。

たとえば、AがBの悪口をいうと、私はBその人よりも、かえってAの人物を疑う気になる。AはなぜBの悪口をいうのだろうか。何か私怨《しえん》でもあるのだろうか。うらみがあるならば、根性の小さな人である。

競争してBの地位を奪おうとするのだろうか。そうであるならば卑怯な男である。

何の目的もなく、ただ口から出まかせに、おもしろ半分に悪口をいうのだろうか。もしそうなら非常に軽率な人である。

あるいはまた、他人の短所を洗いだして陳列しなければ自分の長所が表われないとでもいうのだろうか。そうだとすれば、長所の少ない、むしろまったくそれに欠ける者である。

このように思考をめぐらすと、かえって悪口をいわれる人のほうが正しいのではなかろうかという気が起こってくる。だから私は人から他人の悪口を聞かされても、それをただちにそのままに受けとることはできない。

井戸端会議で奥さん連中が互いに悪口をいいあうのも、大のおとながひそかに同僚の悪口をいうのも、会社員が社長の悪口をいうのも、みな同じ動機であり、ほとんど異なるところがない。どこまでも根もない噂を伝えて人の徳を損ない、名誉を傷つけるという風潮がもっぱら行なわれている。

なかにはこのような悪口を弁護して、悪を懲《こ》らしめるためであるという人もいるが、しかし懲悪のためであれば他に有効な方法がある。あえて悪口をいう必要はない。

勝海舟をうならせた白隠禅師の一言

悪口の裏側には、十中の七八までは、自分を推薦するということが隠れており、残りの二、三分に、自分の非を弁護することがこもっていると思う。

何か自分の心にやましいことがあると、人がこれを知ってはいないかと案じ、人に知られては自分の名誉にかかわるから、とかく他事にかこつけて人を巻き添えにしようとすることがよくある。

あの人はこんな悪いことをしても立派な地位を保っているのだから、自分だってこのくらいのことをしたってかまうものかといって、基準を自分の低いレベルにまで引き下げようとするのを、おりおり見ることがある。

たとえば、非常に道徳堅固な人がいて、その親または子どもが放蕩《ほうとう》するのを憂いてこれを諫《いさ》め戒《いまし》めても、当人は一向にいうことを聞かないとする。

世間からしだいに、あの家の人は放蕩するという評判が高くなってくる。するとこの

道徳家も、

「なあに放蕩するのはうちの親や子にかぎったことではない。だれでもたいていは放蕩するものである。なにがしはふだんしかつめらしいふうをしているが、いかがわしい場所で見受けたことがある。あの人は怪しい」

とかいって疑いはじめる。

このように、**人を評するにも自分の弁護に都合のよい方面から割り出す者が多い。あながち人の名誉を傷つけようとするのではないが、自分の程度にまで引き下げようとするのである。**

また、消極的に自分を弁護することもある。自分がしたことには悪評があるけれども、実はこうこうであったと、その行動を弁解することである。私自身にしても、始終こういう気が起こる。しかしそのときにも、平生愛吟《あいぎん》している、

見る人の心々にまかせおき
高根《たかね》にすめる秋の夜の月

を思い出しては、放任しておく。

仮に私が弁護したところで、その弁護を見聞する者は、またこれをかってに解釈し、ますます面倒になる。むしろ見る人の心々にまかせておく。たとえ見てくれる人がなくとも、神だけはたしかに見てくれている。それにまかすほかはないと思って弁護などしない。

それにつけても思い出すのは、白隠禅師《はくいんぜんじ》（著書に有名な『夜船閑話《やせんかんわ》』がある）の逸話である。

かつて禅師の檀家の娘が、夫なき身で妊娠したことがある。親はこれを知って驚き、かつ恥じ、当人を責め折檻《せっかん》して相手を白状させたら、娘は禅師の胤《たね》を宿したという。両親は、かねて信心篤《あつ》かった禅師の胤と聞いてさらに驚き、もったいないやらありがたいやらで、深く喜んでいた。

日数を重ねて、娘は玉のごとき男子を産んだ。親は、禅師の子であると自慢気に世間に吹聴し養育していたが、信心の深からぬ人々のなかには、禅師をそしって生臭坊主《なまぐさぼうず》と悪口をいう者もあった。

そのなかの一人が禅師を訪ねて、事実の真否を尋ねたところ、禅師は、「ああ、そうかい」とただ一言しただけであった。

勝海舟はこの話を聞いて、「ああ、そうかい」と答えたところに、禅師の大きさが見える、と評したそうである。

禅師は、娘を犯したといわれても進んで身の潔白をはらそうともせず、また娘の性格をも詳《つまびらか》にしないで、ただ世評の伝わるがままにまかせていた。

ところが数年を経て、娘も自分の正しくなかったことをひどく心に恥じ、親に向かって、「実は、この子はある人の胤《たね》であったが、当時はいかにも恥ずかしく、禅師の子であるといえば責めも少なく、世人もまたさほど責めないであろうと思い、禅師の御名を汚しました」と自白した。

禅師の不品行を責めた連中もこれを聞き、大いに恥じて禅師におわびをしたが、このときもまた単に「ああ、そうかい」と答えただけであったという。

英雄シーザーは死んで何を残したか

自分の言行に関して非難を受けたとき、いちいちこれを弁護して身の潔白をはらそうとしたら限りがない。これは放任するほかはないと思う。いつか真相が判明するときがあるだろう。「棺を蓋《おお》って、事はじめて定まる」というように、世の中には、死なければ解決のできない問題が数多くあると思う。

先頃ある英語の雑誌を見たら、一篇の詩のなかに、実によくいったものだと思う句があった。それは「名誉は死人の食う物なり」というものである。いかにも言い得て妙である。生きる人の受ける名誉は純粋ではない。今日は甘すぎると思えば、明日はたちまち辛味苦味を生じる。少しも確定したところがない。生者の受ける名誉は相場よりも変遷がはげしい。

三たび王冠を捧げられたシーザーと、屍骸《しがい》までもテベレ川に蹴落とされようとしたシーザーとは、いかに大きな隔たりがあるであろう。シーザーほどの地位に立って仕事をしていなくても、われわれはみな幾分かの名誉を受けている。そしてその名誉については、必ず幾分かの危険を請け負わなければならない。

「棺を蓋って、事はじめて定まる」といっても、世間には棺を蓋ったのちさえも、事の定まらない例が多い。

クロムウェル（イギリス清教徒革命の指導者）などは、死後二百年にしてはじめて、わずかではあるがその冤罪《えんざい》をぬぐわれた。ナポレオンのような人物にはいまだわからないことが多い。

わが国でも、平清盛・足利尊氏・石田三成などについては諸説ふんぷんとして是非の決着がついていない。家康に至っても、これを断定する材料がいまだ整わず、依然として甲論乙駁《こうろんおつばく》、議論の過中にある。

その他の学者や豪傑には、生きているあいだはもちろん、死後に至ってもその評判の一定しない者が多い。

だとすれば、**多少の非難があったからといって、どうしてみずからこれを弁護し、潔白を証明する必要があろう。**

自分でよいと信ずるところ、義とするところを行ない、その他はいっさい天に任せる

よりほかに道はないと思う。

2 「屈辱に耐える力」が人生の幅を広げる

名誉を失うことは実に辛いものである。だから、「もうこうなっては生きる甲斐もない」と落胆する人がままいる。

しかし勇気を奮えば、必ず回復できるものであると信ずる。あくまでも正義はこの世を風靡《ふうび》し、道徳がいかに地に落ちたといっても道はつねに行なわれ、善は最後の勝利者となると信ずる。また、いかに世は無情なりと嘆く者がいても、世は決して永遠に無情ではないと思うと同時に、またいかなる晴天も一年を通じて続くものとは思わない。

イタリアは世界中でもっとも晴天の多い国といわれている。それでも雨も降れば霰《あられ》も降る。永久に快晴だけではない。たとえ天は青々として晴れても、地が震えて家を倒し、人畜を殺すことがある。

「月に叢雲《むらくも》、花に雨」は世のつねである。喬木《きょうぼく》（樹高が三メートルを超える背の高い木）風に倒れやすしといわれるが、風に倒れるのは喬木だけでない。目に見えぬほどの草木までも風に吹き倒される。幸いにして風の難を免れたとしても、低いものは低いだけに、人や獣に踏みつけられる。

われわれが社会に生存する以上、毀誉褒貶《きよほうへん》・愛憎などは、生命に附随して離すことのできないものである。生きる人間がすべて空気を呼吸するように、社会に動く者には毀誉は避けられない。

このように、人間は世に処して毀誉を免れないものとすれば、このために心の平衡を失わないように心がけることが肝要である。

いわゆる心の平衡を失うということには三様の種類があると思う。**第一は怒気、第二は悲観、第三は自暴自棄に陥ること**である。

この三者はたいていの人が必ず経験するところであろう。多少なりとも悪口をいわれ非難されると、むっとして怒気を発する。また、従来順境にだけあった人、気の弱い人、ことに女性などは、不名誉を受けると、情けないとか口惜しいとか嘆き、こんな目にあっては生き甲斐もないと泣いて、人生そのものを悲観する。

第三の自暴自棄は、第二の悲観とはある点において正反対の傾向がある。世人は自分のことをこんなふうにいった、こんなことをいわれた以上はそれをやらないのは損である、というように反動で不名誉なことを敢行するのである。

極端にいえば、最初はそんな意志もなかったが、名誉を毀損されたから、毀損どおり行なおうというのである。英国の諺に「盗賊といわれたから盗みをする」とあるが、おれがこんな評判を立てられるのなら、やらなきゃ損だ、やってやれ、と自暴自棄を起こす。

この三者は、おそらくはかよわきお嬢さんたちから、天下の大事を決する英雄豪傑に至るまで、多少ともこれを感じない人はないであろう。

人間は必ず毀誉褒貶を免れぬものであり、このため心の平衡《へいこう》を失いやすいものである。人の毀誉褒貶に対して超然とすることは、きわめて必要であるとともに、またこれを行なうには非常なる修養を要する。

しかしここでは、聖人君子とか英雄豪傑とかを相手にするのでなく、われわれと同じ凡人に語るつもりである。もし所説に誤りがあれば指摘してもらいたいし、また私と同感の人の心の慰めの一つとなれば幸いである。

相手を見下して自分を慰めるのは最低の策

名誉を毀損されたとき、どういう心がけでこれに対処すべきか。これには少なくとも消極と積極の二種あって、四つの方法に分かれると思う。

第一の方法は、「これほどおれの悪口をいうやつはどんな人間なのか。彼は取るに足らぬおろかものである。相手とするに足らぬやつである」と、**自分を高くして相手を見下げる**のである。この方法をとる人は多い。

ことに豪傑肌の人は、「燕雀《えんじゃく》いずくんぞ鴻鵠《こうこう》の志を知らんや」(燕《つばめ》や雀《すずめ》のごとき小さな鳥にどうして鴻《おおとり》や鵠《はくちょう》のような大きな鳥の心がわかろうか)などといって、相手を見下して、いくぶんなりとも自分を慰めるのである。

これは名誉を毀損された場合の一法ではあるが、最上の方法とは思われない。しかもこの方法は消極的である。相手をおろかものとか、度しがたいやつだと見くびるのはたやすい。とかくわれわれ凡人は、しゃくにさわるようなことがあると、このような考えを起こしやすい。

これはいわゆる、短をもって短を攻めることである。単に相手を見くびるだけにとどまるあいだは、それほど自分を害することなく、また相手を害するわけでもないから許されるが、論理的に一歩進めると、こんな悪人は捨てておくと世を害するから、社会公益のために懲らしめてやろうとか、天誅《てんちゅう》を加えようとかいうことになり、不穏の挙動を起こすことがある。その結果、さらに怖るべきことが起きないともかぎらない。

したがってこれは、名誉を毀損されたときに自分を慰める一法ではあるが、おそらくもっとも劣等なものであろう。

無益な動揺を防ぐ「心の耳栓」

第二の方法は、同じく消極的であるが、第一の方法よりもはるかに穏和でむしろ受動的である。これは気の強い人にはむずかしいが、性質の穏和な人がとかく取りやすい方法である。

つまり、自分の名誉を毀損する人に対し、

「彼らは人の悪口をいって快感を覚え、罵詈讒謗《ばりざんぼう》をもって飯を食う種子とするのであるから、気にかける価値がない。

世の中にあれば、歩くあいだにもホコリをかぶる。雨にも降られる。善事をしなくても名誉を受けることもあるからには、悪事をしなくたって人のそしりを受けることは浮世の習いだ。人生はこのようにプラスとマイナスでできている。したがって人の非難を受けても、一向に意に介するに足らない」

と、**きわめて冷淡かつ無頓着の態度を取る**のである。

これは豪傑肌の人にもいるが、むしろ君子肌の穏和な人に多い。ときにはガヤガヤと騒ぎたてるやつもいるが、そんなことはどうでもよい、と高くみずからすましている。この態度に達することはさほどの困難とは思わない。悪口非難をしばしば受けていると、自然にこの態度に達する訓練となるもので、われわれ凡夫にもできないことではない。

人の「悪口」ほど自己反省に生かせるものはない

しかし、単にこのように消極的に思うだけではいまだもの足りない。さらに一歩を進めたい。進むとはすなわち名誉を毀損されたとき、この不愉快な経験を踏み台として、さらにいっそう高くのぼる積極的な方法がほしくなる。そこで第三の考え方が起こってくる。

第三の方法は、**人の非難悪口を自己反省の材料に使う**のである。これは誰でも普通に承知していることで、たとえば、「こんなことは事実無根の風説にすぎないが、このような説が生まれたのは自分の不徳のいたすところ」というような言葉はつねに聞くところである。

つまり、非難された点は事実とは違っているが、そんな誤解を受けたのは自分の徳が薄いからである、とその不徳を反省するのである。

しかし、その人がはたして文字どおりに心の真底からそう思っているかというと、自分の不徳なることを衷心《ちゅうしん》より感ずる人は少数であろう。むしろ非難した人を非難し返

し、「けしからぬやつ」と思う者が多い。古歌に、

憎むとも憎みかえすな憎まれて
憎み憎まれ果てしなければ

とあるが、とかく人は非難を受けると、反省ということに進まず、かえって相手を自分の敵として憎む。憎むからまた憎み返される、またこれを憎み返す。互いに憎みあって果てしなく、結局はかぎりなく悪感情を養成するだけである。

以上は根拠なき悪口を受けたときの心得を述べたのであるが、どんな悪口でも、己の真に知らないことであれば、心の底にさほどうらみの念も起こらない。侮りを受けてもさほど気色ばむことはない。

「恥と頭はかき次第」で、恥によっては心を痛める力のないものがある。こんな場合には、世間の誤聞《ごぶん》や風説は一種の滑稽な性質を帯びて、愛嬌になることもある。

しかし、**いやしくも心に覚えのある事実のために汚名を受けるときは、反省をうなが**

す材料にしたい。

なるほどこれは自分が悪かった、と反省するのはむずかしいことである。ことに外国人と交際すると、日本人にこの反省の習慣のはなはだ少ないことが思われる。自分が悪かった場合にさえも、「自分が悪かった、許してくれ」とはめったにいわない。必ずなんとか小理屈をつけて弁解する悪癖がある。欧米人はご免なさいとか失礼とかいうことを、心の奥底からいさぎよくいうことがまれでない。

もとより日本人でこれらの言葉を口にするが、それは多く無意味に出る言葉で、自分が悪かったということが心の奥底から湧き出ることは非常に少ない。

懺悔《ざんげ》すなわち反省の結果として自分の過ちを告白することは、非常に自分の心を潤《うるお》し、また相手の心を和らげるものである。ところが日本にはこの習慣が非常に少ない。ところがカトリックには「コンフェッション」という儀式があって、犯した罪があれば、一週に一日くらい、これを僧侶に白状させている。

私は世人に向かって、これをそのまま見習ったらよいとはいわない。また、僧侶に懺悔する必要があるかどうかも疑われるが、しかし**自分の欠点を認め、自分が悪かったと**

いう考えを起こし、これを相手に発表することは善い行ないであると思う。

天上に昇ろうとして「屋根にのぼる」ことが大切なのだ

人から非難を受け、自分の名誉を毀損されたとき、これを善用して自分の反省をうながすことにすれば、非難を受けた害よりもいっそう向上に役立つ利益を受けることが多いと思う。思想がここまで到達できるようなら、よほど練達した人物といえよう。

自分の身に覚えのないことで非難されたときには、さらにいっそう高い思想を起こすこともできると思う。

すなわち、**自分を非難し侮辱した人があるときには、不憫《ふびん》な者と思い、彼らを憐《あわれ》み、いやこれを愛するという程度にまで、その思想を高めたい。**

たとえば昔、キリストが磔刑《はりつけ》に処せられ、これに従事した者が十字架の下でさかんに彼を罵倒したとき、キリストは泰然として、

「神よ、彼らを憐れみたまえ。彼らはなにをなすかを知らざるなり」

と、絶えようとする最後の息で敵のために祝福を祈ったという。ここに達したときが

不名誉に処するいちばんの方法であろうが、このようなことは、凡人はもとより君子でもなかなかできにくいことである。

天上に昇ろうとして屋根にのぼる。たとえ達することはできないとしても、お互いの理想はこのように高いところに置きたい。

われわれがその名誉を毀損され、侮辱されたなら、及ばずながらこれらの侮辱した者を憐れみ愛することに努めたい。そうすれば、彼らを愛するまでには至らなくても、憎みうらむことだけはやめられるだろう。

第六章

「人生の蓄え」のすすめ

――自己投資としての「金・体力・知力・徳」四つの貯蓄

知識よりも「知力」を養い、
これを心の蔵に多く蓄えることを心がけよ。
そして、よりいっそう大切なのは
「徳」の貯蓄である。

1 「活力の貯蓄」にこそ進歩の芽がある

西洋のある学者が文明という字に定義をくだして、**「活力の貯蓄」**といった。これはもっともな解釈であると思う。野蛮人には余裕もなければ貯蓄もない。ただその日その日を暮らしていくにすぎない。

もっとも簡単な例でいえば、明日も明後日も、生きていれば明年も明後年も、もっとも必要だとわかりきった食物さえ貯蓄しない。今日の猟で十匹の鹿を獲れば、その夜は胃の腑の耐えきれるかぎり飽食し、余ったものはすべて捨ててしまう。その結果として、獲物のない不幸なときには、二日も三日も断食する。貯蓄して将来に備えようとする観念が少しもない。

とすれば、文明のはじめは、おそらくは食物の貯蓄であろう。そして食物の貯蓄ができれば活力の貯蓄もともなう。私は唯物論者ではないが、ある意味からすれば、食物はすなわち活力だといい得る。

だから、野蛮人がワラ小屋であろうとそれを建設して、ここに穀物を収納し、鹿や猪を獲ってその日の食用に余った分を燻製《くんせい》にして蓄えたのが、文明の基本となったので、文明は活力の貯蓄であるという説はもっともなことだと信ずる。

「貯蓄」のしかたで頭の良し悪しがわかる

人が貯蓄を始めるのは、一つにはその人に先見の明があるかどうかを示すものである。前途も何も見ず、ただ得たものを蓄えるのは吝嗇《りんしょく》（けち）である。

後日の不足を補うためにあらかじめ貯蓄することは、よほど頭脳の進歩した人でなければできない。スペンサー（イギリスの哲学者・社会学者）がいったように、知能の発達は時間と空間に適応するものである。知能の程度が低ければ低いほど時間に関する考えが浅く、また場所に関する思想も狭い。

その好例は子どもである。子どもは今日、明日という区別がわからず、また次にある横丁のことにまでも考えがおよばない。ところが少し成長すると、明日、明後日ということも理解できて、一丁四方くらいのこともわかってくる。それがだんだん成長するにつれて、来年、再来年のこともおおよそ想像がつき、十里、二十里先の村のことも、話がひと通りわかるようになる。

知能が発達すればするほど、時間と空間に対する思想がますます長くなり、かつ広くなるものである。宵越《よいご》しの金は持てない、明日は明日でまたどうにかなるだろう、というのは程度のもっとも低い思想で、ほとんど野蛮人に似たものである。

日本人は、若い頃からすでに老後の計画をしているような人を見ると、その人をいかにも爺《じじ》くさく老人らしい、元気のない人間のように思う者が多い。老後のことを心配し、そのために元気が消耗してしまえば、むろんほめたことではないが、自分の元気を失わずに老後のことを考えるのは進歩した思想である。いたずらに財をむさぼるのとは根本的に違っている。

「余ったご馳走」を無駄にしない積極型人間

貯蓄と先見とについて思い出すのは、広く世に知られた道歌である。私もときどきこれを引用することがあるが、実際は消極の思想で、何となくもの足りなさを感じる。

こと足れば足るに任せてこと足らず
足らでこと足る身こそ安《やす》けれ

実に意を得た歌であると信じる者もいるけれど、この歌の意味をよく味わっていると、貯蓄の実行はまったくできなくなる。

足りないでこと足りる身を理想とすれば、その日その日の生活を支えていくだけを理想とする。私はそれよりも、**足りるより多く取り、足りる以上に余りを得、これを明日のため、あるいは他人のために蓄える**というふうに変えたい。

もとより歌の意《こころ》は、こと足りるほど持てばこれを乱用する恐れがあるというのであろう。金が余ればぜいたくになる。美味が多ければ食傷する。美しい服があればこれを着飾って他に見せびらかす。身体の元気が旺盛であればこれを乱用して放蕩する。余りがあれば何事もこれを乱用するから、こと足らぬことを喜び、こと足らずにその日その日を送るのをほめるのが、この歌の主意である。

しかし、教育その他の方法で、豪奢な服を着ても他人に傲慢とならず、身体が壮健でも放蕩せず、山海の珍味が山のようにあっても、牛飲馬食《ぎゅういんばしょく》しないようにできたならば、こと足りる以上に物を持つことはよいことである。決して危険はない。

さて、この点から区別すれば、人には三段階の種類がある。

第一は、**余力があればただちにすべてこれを乱用する者**で、これがもっとも劣等な人である。第二は、**乱用することを恐れてなるべく余力のないようにし、不足を喜ぶ者**で、これは中等の人だ。第三は、**余力があればなおさら節度を守り、今日必要でないものは、他人や後日のために貯蓄する者**で、これは最上の人である。

私がここで貯蓄というのは、必ずしも物質的あるいは金銭貯蓄にかぎるものではない。人間のあらゆる分野に応用できるものである。だから、この思想を一歩進めて具体的に説明すれば、**第一に金銭の貯蓄はむろんであるが、第二に体力の貯蓄ともなり、第三には知識の貯蓄ともなり、第四には精神力の貯蓄ともなる。**

これらはいずれも、人が世に処する上においてもっとも大切であるから、以下に順を追ってこれを説明する。

2 貯金の才は「太く長く生きる」才である

私は数年間、多くの学生と交わってみたが、学生の頃ケチといわれた者は、後になって成績がよいようである。これは三人や四人の経験から割り出したのではない。

これに反し、学生のうちに豪傑ぶって金銭などは少しも顧みず、人の物はおれの物というような考えの人は、ちょっとおもしろいようではあるし、うまく真の豪傑になってくれれば、あくせくして貯蓄する者よりおもしろくなるに違いないけれど、どうもこの種の人は歩留《ぶど》まりが悪い。真の豪傑とはならないで、似て非なるものとなり、社会の厄介者となることが多い。

貯蓄心のある者は概して頭脳が綿密である。何事もそこつにはしない。ものを頼んでも、頼み甲斐がある。ちゃんと結末をつけてくれる。

ところが、いわゆる豪傑風の人は頼み甲斐がない。うかつにこれらの人に頼むことはできない。

だから私は、しばしばこう思う。度をはずれた吝嗇は感服しないが、**吝嗇にならぬ程度において貯蓄の心がけがある者は頭脳が綿密で、後日必ず有益な国民の一人になる、**と。

電車賃すら出し渋った大富豪の「偉大な目標」

貯蓄する人を軽蔑する人がいるが、この軽蔑を受けるのをいやがらないのは、その人の意志の強固さを示す証拠である。貯蓄の度が過ぎるのは論外であるが、そうでない者は、ケチなやつと悪口をいわれるのを気にしている者よりも、かえって気が大きく、耐え忍ぶ力がある。また、一歩を進めて**大望を抱き、吝嗇の非難をあまんじて受ける者はいっそう偉い人である。**

米国のジョンズ・ホプキンス（金融家・慈善家）は、最高学府の大学（ジョンズ・ホプキンス大学）を創立するために当時の金で六百万円を寄附し、また米国にもっとも完全な病院を建設するために一千万円を寄附した人である。

彼は、資金を貯蓄してこの二大目的を達するために、妻もめとらず、電車にも乗らなかった。彼と心やすい銀行家が、「あなたも年を取られたし、遠方に行かれるときは、馬車に乗らなくとも、せめて電車に乗ったらよかろう」と衷心《ちゅうしん》より親切をもって勧めたとき、彼は「いまだ大事業が残っている」とひとりごとのように二回くり返して答えたという。

最高の学府を設立して幾千の青年に知識を与え、従来にない完全な病院を設立して幾万の患者を救いたいという偉大な目的をいだき、吝嗇という悪口をあまんじて受ける人物は、周囲にいる寄生虫のような子分などに金の使い方がきれいだとほめられて得意となる人に比べて、どれほど偉大であろうか。

3 「一日に十人分」働くより「十年で十人分働く人」になれ

江戸っ子は宵越しの金は持たぬといえば、それをいかにも元気で気概のある快男児のように思う人がいる。金のことはたいしたことではないとしても、これによって青年がその活力を失うことは、大いに考えるべきである。

一時のから元気にかられて、飲めや歌えやと大騒ぎし、しかも体力がみすみす消耗することを知りながらそれを行なう。そのために病気にでもかかると、「人の生死は定められていて、人力ではどうすることもできない」といい、「人間だもの、いつ死ぬかわからない。将来のことまで心配していてもなんの益があろう。来年のことをいえば鬼が笑う」といって放縦の生活をし、体力が消耗するのにまかせる愚か者が多い。

私の友人に、学問といい人物といい、いまの社会にはまれな立派な人がいる。しかし、とかく身体を粗末にする。しかも、私が少し年長であるから、老婆心ながら「もう少し身体を大切にしなさい」と忠告したところ、友人は「どうせ人間、一度は死ぬものである。どうやっても長生きするものではない」といって笑っていた。

私は自分の苦い経験を述べ、「身体が不健康となり、早く死んでしまえば、それは何でもないことだが、私のように死にもせず、また生きていてもわずかに半人前の仕事しかできないようになっては、実に気の毒なことである」と話したことがある。

もし読者のなかに元気旺盛な青年がいて、この人と同じような考えをいだいているとすれば、私は友人に呈した苦言を再びくり返して諸君の反省を求めたい。

君らは幸いに元気旺盛であるから、大切にこれを貯蓄して、他日大々的に利用するよう心がけるがよい。

明日をも知らぬ身体であるといって乱用すれば、死にきれもせず、一人前にもなれず、自分も不愉快であり、人にも不愉快の感を与えることになる。

桂太郎（明治の政治家で陸軍大将）の座右の自戒である、

一日に十里の道を行くよりも
十日に十里行くぞたのしき

のように、たった一日に十人前の仕事をするよりも、十年かかって十人前の仕事をするぐらいに気長な考えを養い、そしてそれに相当する活力を蓄えるようにしたい。

青年のなかには一時の元気にまかせて、蛍雪《けいせつ》の功を積むなどといって、乱暴な勉強をする人がいる。粗食で、薄暗い灯火のもとで、終日終夜こもりきりで勉強する人もいる。

その精神はまことに感心すべきであるが、このために体力を乱費し、他日これを利用しようとする大切なときになって、役に立たなくなる者が世間には少なくない。

英国の個人主義に学ぶ「元気の節約法」

体力を貯蓄するには、一時の元気を出さないほうがよい。その当座はほめられるため、またいわゆる義理のために、無理して体力を乱費する人が多い。酒を飲み、夜更かしするのも、交際のためやむを得ないなどということは、人がつねに口にするところである。

これは日本だけではなく西洋にもある。しかし、日本のやり方は西洋よりもいっそう悪い。日本人が悪口をいう英国の個人主義は、この点においてはかえってよい。彼らは自分の信ずるところに反すれば、どんなにすすめられても、これを拒む力を持っている。

しかし、日本人のように個人の権利義務の観念の弱いところでは、社会のためとか交際のためとかいえば個人を殺し、「これも浮世の義理」だといって、健康状態が悪い場合にも出て飲み食いし、いっそう健康を害する。

しかし、よく考えてみれば、**これは一時の間に合わせであって、永久の害を招くこと**である。こんなことをしていては、いつまでたっても身体に余裕のできるいとまがない。ちょうど、もうけた金を全部配当し、少しも準備金を設けない会社の経営法と同じであり、基礎が薄弱で、いったん事があるときはただちにまいってしまう。

名将は武勇をふるう相手を選ぶ

体力の貯蓄に関して一言したいのは、**虚栄心**についてである。

つまらないことでいばり、つまらないことで驕《おご》る人を見るごとに、私はその人の気の小さなことがいっそう見えるようで気の毒に感じる。人と交わるときに、虚栄心と勇気とは反比例に増減するものである。

青年のなかには腕力を誇り、剣術が上手だとか、柔道は何段とかいう者がある。うまいぐあいに武芸の真髄に達するまでに進めばけっこうであるが、ややもすれば技術だけにとどまり、それ以上に進まない場合がある。

その場合には、いたずらに技術を誇りたがり、虚栄心がムラムラと起こり、他人に対してけんかをしかけ、警察にぶつかり、罪のない人をなぐり、そして自分をさも偉いように思う。いまもなおこういう人がたくさんいる。

真に武芸の奥義に達すれば、犯すべからざる態度を備え、時いたらぬか、または不必要の場合には、これを表わそうとはしない。**「こんなことには力を出す価値もない」という自重がある。**このような人こそ、真に体力を貯蓄する人というべきである。

それにつけても思い出すのは、大坂城の名将、木村長門守重成《ながとのかみしげなり》である。

ある茶坊主が重成の脇差《わきざし》を足にかけて蹴とばしながら、「大切な足をおまえのような腰抜け武士の脇差に汚されてはただではすまされない」といい、こぶしを固めて重成の頭をポカンと打った。重成は力持ちで、相手をなぐり殺すくらいの力はあるが、怒った様子もなく、そのまま下城した。

この噂がぱっと広まったので、城内では重成は腰抜け武士という評判が高くなった。

これを聞いた同役の人が心外に思い、なぜ茶坊主を懲《こ》らしめて悪口の根を止めぬかと迫ったとき、重成は、「あの茶坊主は蛆虫《うじむし》同然である。蛆虫が無礼をしたからといって、いちいち咎めだてもできない。武芸も力も、みなわが君が万一のときにお役に立てるべきものだ。人ならぬ蛆虫のためにこれを用いるのはもったいない」といって笑ったという。

この話は講談の創作かどうかは知らないが、教訓多い美談である。忠義のためでなければ用いないという確信があったからこそ、茶坊主ごときの無礼を忍んだのである。そして人に臆病武士とそしられても、君への忠義のためにはあまんじてこれを受けた。そして大坂落城のときにはなばなしく討ち死にし、彼の体力がいかに抜群であったかを示した。

これは、真に体力の貯蓄を全うしたものであると思う。私がここでいう体力の貯蓄とは、他日いったん緩急あれば、義勇をもって公に報いる勇ましい心がけをもってつねに体力を養うということなのである。

4 「能あるタカ」ほど隠す爪は鋭い

私は先に、虚栄心を持つ者は腕力を乱用したがることを批判したが、しかしこれは腕力にかぎったことではない。**小利口の人、小学問のある人は比較的虚栄心に富み、とかくこの学問を鼻のさきに出したがる。**

むかしの儒者は、「学問は実に臭いものである。ちょうど大根を煮るのと同じで、煮れば煮るほど臭くなるが、まったく煮つくせば臭味がなくなる」といった。禅をやる人を見ると、なまじにやった人はとかく豪傑ぶる。脱俗《だつぞく》とか何とかいって、人に無礼なふるまいをし、人に対し不快の念を起こさせるようなことをして得々としている。素人が見ても、まだまだ本堂に達しないで、いわば禅寺の台所にうろうろしているかのように味噌臭いところが見える。

すでに悟道《ごどう》に入ったと思う人は、禅をやったらしい顔もせず、そのいうことも平々淡々として、普通の人と少しも変わったところがない。

しかし、目のある人がこれを見、耳のある人がこれを聞くと、その眼つきや声が、どことなく普通の人とは違う。その歩き方も、いばってはいないが、しっかりとし、静かではあるが盗賊が抜き足するのとおのずから違う。

おかしいことがあれば遠慮なしに笑う。そしてその笑い方が、少しも人を嘲弄《ちょうろう》するようではない。場合によっては怒ることもあるが、人を憎み人をうらむことなく、勝手放題のことをいっていても、その言葉には嫌味がない。

その言行には垢抜けしたところがあって、いうにいわれぬ趣《おもむき》がある。このようなことは、必ずしも禅にかぎらない。何事においても同じだ。

自分の専門はこうだと、むやみにこれをふり回すのは、学校の先生としてはさしつかえないだろうが、人間としての価値はきわめて低い。

私がかつてドイツにいた頃、学界の最高権威と称された大学者を訪問したことがある。真に名声が世界にとどろいている人は、みだりに専門の学問談をしない。聞けばいくらでもしてくれる。聞かなければ一言もいわない。人間としての深みは測り知れないところもあるが、日常の談話は普通の人と異なったところがない。

学者だけではない。政治家もまた度量あり知力ある人は、いわゆる威あって猛《たけ》からずで、一種犯すべからざる威厳はあるが猛々しくない。

リンカーンが大統領になったとき、四年続いた内乱があり、国家をあげて深い憂いのなかにあった。ところがリンカーンは、閣議を開いて重大問題を決定したのち、「さあ、会議がすんだら、おれはこれから話すことがある」といいながら、長い足を机にかけ、「おれがむかし」と語りだして列席の人々を大笑いさせるような話をするのが通例であった。

国家を憂えていないかといえばそうではない。寝室に戻り、国家の大事を憂うることもあれば、国民のために声を発して泣いたこともある。

心から国のために憂えたが、人に見せびらかすようなことはなかった。真に偉い人はこうあるのだろうと思う。

いざというとき役立つ知恵をどれだけ持っているか

むかしの諺に「能ある鷹は爪を隠す」とある。**知力のある者は、いたずらにこれを外に表わすことがない。これを貯蓄し保存し、折を見て利用する。**

ある人の言葉に「金言とは機会を逸せずして発したる言葉なり」とあるが、いかにすぐれた説でも、機会を逸して述べたものは愚人の放言にすぎない。

俗に「下司《げす》のあと知恵」というが、下司は聖人君子と同じ知恵があっても、これを出す時期がおくれる。知恵を出す機を失えば、君子も下司となる。このときを失わなければ下司も君子となるだろう。

私の知っている老人は、平生、飯の食いだめと心配のしだめは役に立たぬといっていた。いかなる人も三日分の飯を一日で食っておくことはできない。しかし、平生よく養生している人は、たとえ三日間断食してもそれほど弱らぬが、平生滋養を取らぬ人は、わずか一日の絶食でもすっかり弱ってしまう。

心配もまた同じで、種類にもよりけりではあるが、こんなことがあったらどうする、ああいうことが起きればどうするというように心配しても、その多くは役に立たない。たとえば、家のあそこから盗賊が入りはしないだろうか、あの男がこういったらどう答えようなどと心配するのは、役に立つこともあるが、多くは効果がないものである。**心配のしだめは役に立たぬことが多い。**

しかし、災難にあったらこうしようというだいたいの覚悟は役に立つ。事に当たって狼狽《ろうばい》しないようにするには、日頃の用意がなければならない。そして、この用意が整っているのは知力の貯蓄があるからである。

これは、**種々のことをたくさん覚えていろという意味ではなく、活用し得る知力を蓄えよ**との意味である。

一年しかない夫の生命を五年に延ばした妻の「知力の蓄積」

歴史上の事実なり、統計上の数字なり、動植物の名なり、すべて知識を貯蓄するのは一種の楽しみである。役にも立ち、また一種の装飾ともなるが、**願わくば知識よりも知力を平生より養い、これを蓄えることを心がけたい。**

私が札幌にいた頃、同窓の友人に藤田という人があった。卒業後まもなく肺結核にかかり、名医の診察を受け治療に努めたが、どの医者もサジを投げ、前途一年の生命すら保証されなかった。

ところが、一年と宣告された病人は、それから五年存命したので、医者で驚かない人はなく、これこそ真に奇蹟と呼べるものだといわれた。このように彼が予定の五倍もの生命を保ったのは、ひとえに細君の熱心な看護のためであった。細君は私に、当時の事情をこう語ったことがある。

「私は学校時代にはひとかたならず英語を勉強しましたが、藤田家に嫁ぎましてから、英語は何の役にも立ちませんでした。もう社会で活動するのに英語はいらないものと思っていましたが、今回の病気で、はからずも英語の大切なことを悟りました。

第一に、外国の新聞を取り寄せ、これを夫に読んで聞かせました。夫は病気とともに頭脳がますます明瞭となっていきましたから、そのため種々の新知識を与え、病床の夫を慰めることができました。

また、その新聞を見ると、肺病治療の薬剤や方法がたくさん広告してありました。私は、なかでこれはと思うものがありますと、いちいち注文して試みました。医者は一年以上はもたぬと申しますが、まさかそれ以下に縮まることもありますまい。もし生命を延ばせるなら、これにこす幸いはないと思い、種々のものを取り寄せました。そして、一つの方法がある時期を過ぎて効かなくなると、また次のもので幾分か生命を延ばすというふうにいたしました。

また、長いあいだの病気ですから、病人だけでなく看護する私までも、ときどきは気がめいることがありました。こんな場合に自分を慰めるものは、日本の文学よりも英文学に多いように思われまして、私は英文学のおかげで気を引きたてられたことが少なくありませんでした」

こういって、子どものときに学んだ知識を真に利用したことを語られた。私はこれを**知力の貯蓄**といいたい。

もしこの細君が、英語などは不要なものと捨てて顧みなかったら、それきりである。夫の病気と自分の不幸とを慰めることもできず、一年の生命を五年に延ばすこともできなかったであろう。

蓄えた知力がどんなときに役に立つかは、わからないものである。わからないけれども、いつかは役に立つ。ただ目前に横たわる必要のためにだけ得る知識は、ドイツ人のいう「パン学問」である。パンを得てしまえばもはや役に立たない。だから**どんなときにも、どんな場合にも利用できる知識を、平生貯蓄することを心がけたい。**

このような知識を養い蓄えるには、**良書を読み、有益な談話を聞き、自分以上の人と交わり、あるいは静座《せいざ》黙想し、そして心に得たことはこれを心の蔵のなかに奥深く入れるようにしたい。**

これはいわゆる高尚な意味における学問の方法だが、それにはいま述べたほかにもなお種々あるだろうと思う。

しかし、知識の貯蓄だけで世の中を渡るときは、はなはだ寂しさを感ずる。世間の人を見ても、怜悧な人は談話の相手がない。どこを見てもすべての人がばからしく、ともに語るに足りないように見えるからである。したがって不愉快に世を渡る者が多い。とかく知識だけの人は、人に対していいばり、ツンとし、傲慢である。

こうなると、**知識の貯蓄よりも、いっそう大切なのが徳の貯蓄**ということになる。

5 「人徳」という最高の財産を蓄える法

少しずつ善を積もうとすれば、腐るものではないからいくらでも積める。しかしちょっとでも油断すると、とかく消えやすくあと戻りしやすい。善行を一つすればそれだけ徳を積むことになるが、翌日これを破るような行為をすれば、昨日の善行も消えて積善はできなくなる。

右手で四分《ぶ》の善を行なっても、左手で六分の悪を行なえば差し引き二分だけ堕落する。こうしてわれわれ凡夫は、なかなか徳だけを積むことはできない。悪を行ないやすい。だから今日は五分の善事を行ない、三分の悪事をすれば差し引き二分の善事が残る。

翌日はまた五分の善事に対し二分の悪事があれば、差し引き三分の善事が残る。二日で五分の善事となる。毎日多少の善事をしても、同時にまた多少の悪事をするから差し引かれる。

差し引かれる悪事をすることがあっても、そのために失望せず、善を積むことを心がけたいと思う。

孟子は、「四十にして動かず」といった。私はその意味をよく知らないが、私解によれば**悪のためには動かない**という意味だろうと思う。この不動の地位に達すれば申し分ないが、それまではとかく善事を行なおうとすれば、ただちに反対の心が起こってこれを妨げる。

使徒パウロはかつて、「わが心に二つの心がつねに戦う。善をなそうとすればただちにこれを破る悪の力が起きる」と嘆いたが、中世の学者にも人は善悪両性がつねに戦うといっていた人がある。

賽《さい》の河原で子どもが石を積むのと同じで、せっかく積みあげたかと思うとすぐ倒される。**倒されたときに失望し、「ああだめだ、もうどうにもならない」と自暴自棄になる**

か否かが、その人の将来の運命が開くかどうかの岐路となる。

天性実にうるわしく生まれた人がいる。嫉妬羨望の念もなく、ほとんど悪の観念などないと思われる人がいる。しかしこんな人はきわめてまれだ。

十中の八、九人はこれに反し、修養を積まなければ善に進めないものである。善悪の両方を有するものは、たゆまず失望せず徳を蓄えるようにすることだ。

郵便の貯蓄は、今日は十銭預け、明日もまた預けるようにすれば、多少引き出しても来月は一円となる。そしてまた一銭二銭と積んでいけば、しだいに身代をなすように、最初は些細なことにも注意してそれを改めるようにして徳を蓄えたならば、巨万の徳もこれを積むことができると思う。これがすなわち徳の貯蓄で、貯蓄のなかでももっとも大切なことである。

タダで手に入る「幸福な人生」

徳を積んだからといって、前に述べた富とか知識とかを積むように、この世に栄華をもたらす保証はない。人から偉いといわれるかどうかもわからない。月給も多くもらえるかどうかわからない。

給料をもらう人は、知識を売って月給に代えるのであるが、徳は知識のように売ることができない。また徳は金に換算することもできない。あの人は有徳であるからといっても、会社でも役所でも多くの月給を払ってはくれない。また、百円の徳があるとか、千円の徳があるとかいうように徳が金に換算できるものであれば、徳の徳たる特長を失う。

しかし、**徳には名誉も黄金も及ばぬ保存力と快楽とがある**ように思える。金のある者は、あるいは失敗して一夜にこれを失うことがある。知識は病気のために忘れることもある。人にねたまれたりうらやまれたりすることもある。

しかし徳の人は、火災に喪失する心配もなく、人にねたまれることもない。たとえそんなことがあっても、そのようなねたみは永続しない。むしろねたむ人を教化する力がある。

そして人には知られないところに楽しみがある。暗夜《あんや》も恐れることなく、朝起きて日光の輝きを迎えれば、日光を心に反射し、雨が降っても風が吹いても、胸中はつねに明るく晴れた天のようである。至るところに楽しみを感じ、われわれの味わうことのできない快楽を得る。いわば他人の食うものと別なものを食っているような感がある。

したがって、他人とパンの競争をする必要もなく、他人をねたみ、おとしいれる必要もなく、平和に無事に世を送る。心をいためるような災難があっても、喜んで世渡りする。

このような徳の人は、巨万の富を積んでも得られない。また数枚の学位証書でも、昇進の辞令書でもとうてい買うことのできない満足と快楽とを得ることができるのである。この点に着眼したら、世に対する不満もなく職業の不平も起こさないであろう。

苦い経験ほど噛めば噛むだけ甘くなる

境遇に応じる力は、各自が出せるにもかかわらず、人はややもすれば自分の力を出すことを怠りながら、自分の目的の達せられない理由を自分以外の事情のせいにする傾向がある。自分の過去を顧みて、おれほど不幸な者はない、何の誰がしはうらやましいなどという。しかしながら、自分の経歴を顧みて、不幸な経験をよく味わうとき、そこに何ともいえない甘味が出てくると思う。

メーテルリンク（ベルギーの作家・『青い鳥』の作者）は、「われにとってはわが過去にまさるものはない」といっている。辛いことがあれば、辛いながらもそのなかから他人には得られない経験を得る。道は近きにある。近いというのは、各自の心のなかにあるということである。これをほかに求めようとするのが、そもそもまちがいである。

天の道理がまちがっているといって世をうらむ者もあるが、このような人は、実は地を見て天をうらむものである。もし心を地より離して、眼を天に注いだならば、天の正しいことは疑うまでもなくなる。

人生にもっとも重大でもっとも欠くべからざるものは、各自に備わっている。地をうらむ必要もなく、天をのろう必要もない。

第七章

私の「本とのつき合い方」

――自分流に工夫して読む本こそが最高の「良書」になる

「多読」か「精読」か。
子どもに読書に親しんでもらうには
どうすればいいか――。
あらゆる書物を片っ端から読んだ末に
私がたどり着いたこと。

1 書物を片っ端から「自分の血肉」とした私の読書術

私は子ども時代には、活発にチョコチョコしていたので、書物など読めそうにもなかった。大学予備門（東京英語学校、のちの東京大学）にいたときも、「活動家」というあだ名を取ったほどに動いていたのである。

それが十五歳のとき北海道に行ってから、非常な読書好きになり、毎日読書にばかりふけっていたので、同窓生からは「坊主」という、前とはまったく反対のあだ名を受けることになった。

私は北海道に行ってから、多読の病にかかった。農学校の図書館にある書物はかたっぱしからすべて読んでしまおうという、無謀な大野心を起こした。すべてとはいっても科学上のものではない。歴史、地理、伝記、政治、経済等に関したものを、手当たり次第に読破した。

しかし、読破したとはいうものの、ただ意味を一通り解するまで、少しの考えもなく、目的もなしに読んだに過ぎない。それでも読むわ読むわ、ほとんど淫読《いんどく》という毒に当たったありさまであった。

多読の結果は、

一、眼を害して、今日では眼鏡なしには書物を読むことができなくなった。

二、どれこれの区別なしに乱読したので、頭脳が粗雑に流れて、緻密を欠くようになった。

三、種々な説を見たので、自分の定説がなくなった。たとえばある説が起こったとすると、ただちにその反対説にはこういうことがある、そうばかりはいわれぬという念が起こる。いずれの説に対しても、是非の論がただちに起こりやすくなる。悪くいえば見識がなくなったのである。

多読は多くの害を私に与えたけれども、ただ一つの利益とすることは、書物を速く読めるようになったことである。先輩や同僚のあいだには、「どうも私は読書が遅くて困る。参考書を見て、十分に調査しようとするけれども、時間が乏《とぼ》しいので思うようにならない」とぐちをいう人がある。

しかし私は不幸にして(?)多読したので、自然に速読の習慣を養い、細かく組んだ外国語の書物でも、たいてい一ページ二分から五分くらいあれば、読んでだいたいの意味を知ることができる。普通の英書であれば、一ページ二分間で読むことは少しも困難でない。

したがって参考書を読むにしても――多忙で読書時間の乏しいうらみはもちろんあるが――わりに不便を感じることがない。多読は多くの不利益を私に与えたが、この点だけは確かに一つの利益であると思っている。

一歩進んだ「精読型多読」の方法

私は必要があって、久しく手にしなかった厚い書物を読むことがある。見ると、ところどころに自分でつけた符号がある。読んでいくうちに、かつて読んだことがあるような心持ちがする。するはずである。読んだに相違ないのである。よくこういう厚いものを読んだものだと、自分ながらに感心することがある。雑誌などでもまたそうである。自分で感心するようなことがある。

しかし、それが少しも用に立っていない。読んだことがあるというにすぎない。また、たいていの人の説は、それを聞いてもいっこうにめずらしい心地がしない。どことは判然とせぬが、なんだかかつて読んだことのあるような心地がする。それでいて、やしばらく考えなければ、どこが出所なのかちょっと思い出せない。いわば頭脳が紙屑でうまっているようである。まったく自分の棚卸をするようであるが、実際、自分は目的もなく多読したのを悔いている。

そこで、私は自分の経験から割り出して、多読の利益あるところだけを取って、害のあるところを捨てるように勧めたい。

それにはどうするかといえば、**一つの標準とする最良の書物を決めて精読するのである。**充分に精読する価値のあるものを決め、そしてこの書物を反復して精読し、表紙のはじめから、なかはもちろん、最後の何年出版、何書店発行というところまでも読破するくらいの勢いで読むのである。

この書物を全精力をあげて読み、その他の書物はこの書物の参考や補助として読む。

つまり、標準書をすべて頭脳の中に入れて、他の書物から得た知識は、標準書を補足するのに用いるのである。たとえば『論語』を標準書としたとすれば、スペンサーでもミル(イギリスの哲学者・経済学者)でも、すべてこの『論語』の参考として読むようにするという意味である。

それでは、この標準書はどうやって定めるのか。それは重大で困難な問題である。目的とか、その人格とかによって種々ことなるである。

だからその選択は困難であろうが、いま述べた方法は多読をもっとも有益に応用する方法である。

筋道をつけた好奇心の広げ方

ある事物を研究するには、それに関した多くの書物を読まなければならない。この場合に、多く読むことは有益であるが、これにもまだ問題が一つある。それは、脇道に走ることを防がなければならぬことである。

てっとり早く私の場合を例とすると、私は来週から(明治四十一年)帝国大学でアダム・スミスの『富国論』を講義することになっている。講義の前に、ひと通りアダム・スミスの伝記を話したいと思ってそれを調べかける。すると第一に、スミスという名が英国にたくさんあることに気づく。この姓の起源を調べたくなる。さあ、それからいろいろな書物を引っぱりだしてみると、しばらくのあいだは『富国論』なぞは忘れてしまう。

また、スミスはキルカーディという小さな町に生まれた。このキルカーディはどんなところであるのか。彼が生まれた頃の状態はどんなであったか。歴史上どんな関係を持っているか。あるいは歴史に登場することがありはせぬかと思い、スコットランドの古史でこの町に関する記事を探りたくなる。また、アダム・スミスの父は弁護士をしていたというが、英国の弁護士は、日本のそれとは大いに違っているそうである。どこに異同があるのか。それを調べるためには英国の裁判所構成法を見たくなる。

こうなってくると、一つの問題を調べるにしても、次から次へと調べてみたいことが広まっていき、停止するところがない。

現に私が長いあいだ計画している農業発達史の調査などにしても、じつはこの点で困っている。ギリシャの農業史を調べるとなると、ホメロス（同じく古代のギリシャの詩人）の作品も載っている。

両者と農業の関係を見ようとすれば、いきおい古代のギリシャ文学から調べてかからなければならない。

また、ソクラテスの言論のなかにも、ちょくちょく農業に関したことがある。ソクラテスはアテネ市に住んでいた人である。農業のことはどのくらい知っていたものか。またその記事は彼が自分で述べたものか、あるいは世間によくあるように、後人のつけ加えたものではあるまいかというような疑いも起こる。それで八、九年前、ギリシャの古代史を読んでいたことがある。読んでいくとおもしろくなる。ついやめられなくなる。ますます読むというようになる。

私があまり古歌を読んでいたのを見て、妻が不思議に思い、「なんでそんな古いものをお読みになるのか」とただされ、ああ自分は農業史を調べているのだった、と気づいて、中止したことがある。

とかく本道よりも、脇道のほうがおもしろくなる。おもしろいから、その脇道のほうばかりたどりゆき、肝心の根本を忘れるようなことが往々ある。しかし、脇道に走るとしても、再び本道に帰らなければならない。私が演説すると、いつも脇道に入りやすい。遠く本道を離れることがある。しかしいつかは本道に戻ってくる。「新渡戸の演説は要領を得にくい」などと評する者がある。しかしながら、いかに脇道に走っても、自分では必ず早晩本道に戻ってくるつもりである。矢のごとくに行きっきりではいけない。ぜひ雁のように再び帰ってこなければならない。

私は、一遍の論文を起草するに際しては、必ずだいたいの筋道を書いておく。**少なくとも頭脳にだけはそれを記しておき、脇道に入っても必ず再び帰ってくるように心がける。**読書するに当たっても同じ注意をする。

新しい本と賢くつき合う方法

新刊の書物は月々に幾種となく刊行される。私はとうていこれを精読するだけの余暇がない。だから、**これらの書物はざっと考えなしにひと通り読んでいく。そして、これはと思うような点にいくと符号をつけておく。符号をつけておいたところは、のちになって再び読みかえす。**読みっぱなしでは、全体を記憶することができない。肝心な一部分さえも忘れてしまうことがある。こうして要点だけに符号をつけ、のちに再読すれば、その書物中の要点は長く記憶にとどまる。

目次を見ただけで内容をズバリ「総整理」するコツ

また、**一冊の書物を読むときは、一章ごとにその大意を知るように努めなければならない。**細かい部分に気を取られては本旨を見逃すおそれがあるから、この一章はなんのために書いたものか、そのだいたいの意味はどうであるか、これを注意しなければならない。

全篇を通じて一章ごとにこうして読み、最後になって書物を伏せて、この書はなんのために書いたものであるか、そのだいたいの目的とその目的に達する順序の議論はどういうふうにして組み立てられているか、それをじっと考えてみなければならない。そうすれば、目次だけを読んでも、その書物全体が読めるようになり、目次が非常に興味深いものになる。読書に志す者はこのへんのところに心がけなければならない。

2 「机に向かわない読書」のすすめ

書物に親しむ一方法として私は、家庭読書会というようなものをはじめればよいと思う。それは家族一同が毎日一室に集まって、五分でも、十分でも朗読する方法である。日本ではいまだ適当な書物がみつからないが、西洋にはいろいろな短編があり、五分、十分で読みきれるものがたくさん刊行されている。普通はバイブルが多く用いられている。他に適当な読み物がないなら、俳句でも金言でも、わかりやすく有益なものならなんでもよい。

たとえば「短期は損気」という金言があるとする。朝の食事の際でもよい。主人がそれについて簡単な説明をする。そしてそれを暗記させて、その日の日課として短期を起こさないようにお互い注意する。なにか相手にいたらないことがあって腹が立ち、小言をいおうとするとき、いや、待て今日の日課は短期の戒めではないか、と気づいて、まず控える。朝の食事のときの言質があるから、腹も立てぬようになる。

こうして何度も重ねるうちに、自然に修養される。われわれ凡人は、とうてい一気に立派な人にはなれない。卑近な点からはじめてしだいに向上すべきである。

饅頭《まんじゅう》の味とともに覚えた読書の「旨み」

このことは家庭ばかりでなく、店員のあいだにも応用されると思う。たとえば朝、まだ仕事をはじめないうちでもよい。店員一同を集めて「忍耐は成功の基」ということを店長が説明し、その日の日課として各自が守るようにすれば、客に接してもいつしか忍耐力がつき、むりなことや多少いやなことなどをいわれても、腹を立てぬようになる。

だいぶ脇道に入ったようであるが、**毎日いつでもよい、都合のよいときに、こうして読書する習慣を養成すれば、いつのまにか書物と親しくなり、読書が楽しみになる。**そして一面ではその家庭もまた修養し向上する。

私がまだ子どものときであった。五つの頃だったと思う。父は毎夜ろばたで家族一同と盛岡名産の饅頭《まんじゅう》を食いながら読書していたことをおぼろげながら記憶している。母はかたわらに針仕事をしながら座り、兄や姉もみな耳を傾けていた。私も、わからないながらも饅頭の分け前にあずかろうと、仲間入りをしていた。そして父は、一同に『八犬伝』を読んで聞かせた。これはよいことだと思う。

こういうと、そんなことをしてもたいした効果もあるまいといって否定する者もある。しかし人間のすることは、一から十まで有益な結果をあげることはとうてい望めない。捨て石も打たなければならない。

毎日やっているうちに一つでもいい、有益なことがあればよいではないか。一足飛びでは昇れぬものだ。

書物は「目」で読み、世の中は「耳」で読む

耳学問というと、とかくいやしめられる。しかし私は、これは大切かつ必要なことで、皆さんに行なってもらいたいとお勧めしたい。日本人は学問といえば、学校で先生が切り口上かなにかで講話するのを、固い冷たい椅子の上で聞くものとばかり思い、その他の場合に聞いたことは、有益なことでも生きた実際問題でも、ただ聞き流して、学

問とは思わぬらしい。

しかし慈愛の温和な談話にも、厳父が冗談まじりに語ることにも、有益な学問となることがたくさんある。

たとえば友人から来た国内外のはがきでも、その写真とその土地の模様や歴史などを記したものを読めば、それがそのまま地理や歴史の有益な材料となり、頭脳に深く染み込むのである。談笑のあいだでも食事の折でもよい、これらの散らばった知識を集めるようにしたい。

ところが世の人は、「実際はそうかも知らぬが、書物にはこう出ている」といって書物のみを信じて、せっかく得られる大切な知識を見逃す人が多い。だから世の人は書物と実際生活と結びつけることができない。読書人は実際社会の事情にうとくなり、実務家は書籍から遠ざかる。

英米の学問が実地的であり、学問が実際と結びつけられているというのは、そういう知識を利用するためであると思う。

書物にばかり頼らずに、もう少し耳の学問もしてほしい。そうすれば書物を読んでもおもしろくなる。

読書などということは、義理ではよく読めるものでもない。興味をもっておもしろく読まなければ役に立たない。おもしろく読むことができれば、その進歩もまた著しい。

第八章

「逆境」にあるときの心得

——坂道は重荷をかついで上れ

苦しみはいつまでも続くものではない。
少し爪先立って前方を眺めれば、
一条の光明が前途に輝き、
希望の光が見えるものである。

1 どんな人も「それ相応の逆境」を生きている

元来、人は自分に不足するものを他人が多く持っているのを見ればうらやましく感じ、不平不満を起こすものである。しかし**自分に不足しているものが、それほどうらやむべきものなのであろうか。**

金銭にしても、貧乏人が大富豪を見ると、「あの人たちは幸福だなあ」とうらやましく思う。しかし富豪に聞くと、おそらく金の多いことを不便だということもあるだろう。

また学問のない人が学問のある人を見ると、「あの人は何もかもわかるから、さぞ楽しいであろう」とうらやむが、その人の心情を見るとかえって反対であるらしい。なぜなら、学者はわれわれ以上に、解決のできぬことのためにつねに頭を悩ますからである。

また、容貌の悪い女性が美人を見たら、「ああ自分もあのくらいに美しかったなら」

と嘆息することもあろうが、美人にはまたわずらわしいことがたくさんあるであろう。

地位の高い人を見ると、その栄華がうらやましくなるが、しかし山の頂に登ってみれば、やはり麓《ふもと》のほうが住みやすいと感じるように、当人はかえって地位が高いために、いい知れぬ辛苦に胸を痛めることがあろう。また、名声一代にとどろき、世人の注目を一身に集めても、あれこれ義理にからまれ、ついには終わりを全うできない人もいる。

ある人の歌に、

咲かざれば桜を人の折らましや
桜の仇《あだ》は桜なりけり

と詠まれている。他人がうらやましいと思っていることが、その人には苦痛となることが多い。だから、**いかなる人でも必ずそれ相応の逆境がある。外からは順境に見えても、心のなかでは泣いていることが多い。**

米国のリンカーンは一代の偉人であった。殺されたときは全国民の深い哀惜《あいせき》の情を受けた。しかし彼もまた、考えればたしかに不幸の人であった。生まれた家は非常に貧乏で、着る衣服もなく、はく靴さえもなかった。しかもその家は遠く人里を離れ、教育を受ける便宜もなければ、書物を得ることも不自由であった。ワシントンの伝記を借りるために、数里の先までも行ったというくらいである。

知らない文字があってもこれを調べる字引もなく、教えてくれる先輩もいなかった。それに加えて年少にして早く母を失い、継母に養われた。これらの事情のもとに育った彼は、普通の人から見れば、たしかに逆境の人であったといわねばならない。

リンカーンの伝記によると、継母はリンカーンをかわいがり、リンカーンもまた心より母を尊敬していたと書いてある。なるほど継母も善人であったろう。しかしリンカーンが凡人であれば、継母がいかに親切をつくしても、これをひがんで解釈し、その好意を無にしたであろう。私は、リンカーンなればこそ母と子の関係を円満にし、母の徳をも向上させたのだと思う。

逆境、逆境といって、逆境にいてその境遇を利用することを考えない人が多い。赤貧であるためにせっかく立てた志を伸ばすことができないとか、または教育を与えてくれる人がいないとかいって、境遇の不幸を訴える人が多い。

ところがリンカーンはこの境遇をきりぬけた。しかも、ユッタリとして迫らぬ大人物となった。これはもとよりその天分がすぐれていた点もあったであろうが、また一つには逆境に対する修養の覚悟があったためであろうと思う。

彼が大統領となってからも、決して万事が彼の思いどおりになったのではない。内閣を組織したときでも、彼に服従しない人物は閣僚中に一、二人だけではなかった。陸軍卿スタントンなどは傲慢無礼《ごうまんぶれい》な人物で、南北戦争中には戦報が到着してもこれをリンカーンに秘密にして、自分が命令を発していたくらいである。

こんなふうにリンカーンは、歴史上には大統領となり順境に立ったらしく見えたのであるが、実際には、逆境に始まり、逆境のなかに働き、逆境に終わった人といってもよかろう。

水戸黄門が隠退して、太田村で春は花、秋は月、冬は雪と楽しむのを見て、公の閑楽《かんらく》をうらやんだ者があったとき、公は筆をとってかたわらの紙にスラスラと、

見ればただなんの苦もなき水鳥の
足に暇なきわが思いかな

と書かれたという。得意らしく幸福らしく見える人でも、その裏面に逆境不幸を味わない者などあるだろうか。

「災いの種」に自分で水と栄養を与えていないか

以上、私は逆境はすべての人にあり、得意に見える人にも、高い地位にいる人にも、必ず自分の思いどおりにならないことがあると説いた。この自分の思いどおりにならないこと、つまり災いには二種類あると思う。

いわゆる天の授けるものと、自分がつくるものとがそれである。吉凶・禍福・貴賤・貧富・生死などには、自分で招くものと、自然にやって来るものとがある。一つはいわゆる自業自得、もう一つは運命あるいは天命などと称している。もっとも、自業自得のなかにも天命的な部分が少なからず含まれており、天命のなかにも、自分自身の責任に帰する部分が少なくない。

この二種類の災いのうち、いずれが多いかといえば、自分でつくるほうがはるかに多い。ただ世人は逆境の由来をよく考えないから、天をうらみ他をうらむのである。**人間はあさはかなもので、自分でしたことでも、とかく不首尾になると、これを他人になすりつけたがる。**

たとえば人からご馳走に招かれて帰ってから風邪に冒されると、ご馳走に呼ばれ冬の夜風にあたったため風邪に冒されたと思い、自分の注意の足りなかったことを思わない。自分の欲情を制しきれないときは、これは遺伝の罪である、親が悪い、祖先の罪であるといいたくなる。

このように罪を他人に着せようとするのは知恵が足りないためで、知恵が少なければ少ないほど、ますます他人に罪を着せようとすることが多くなる。

それについて思い出す昔話がある。かつて非常に仲のよかったA、B二人の友人が協同して、綿羊百頭を飼っていたことがあった。ある日Aが牧場から綿羊を連れかえると、そのなかの一頭が死んだ。するとBはAに向かい、

「お前が今日羊を悪い牧場に連れていって悪い草を食わせたから死んだのである。羊はお前が殺したのである」と責め、Aは「いや、羊の死んだのはお前が前日に悪草を食わ

せたからである。責任はおれではなくお前にある」といい、互いに罪をかぶせ合って争った。

そしてついに、それでは綿羊を分けて、独立して別々に飼おうということになり、二人は綿羊を四十九頭ずつ分配し、はんぱになった一頭だけを共同所有にすることに決めた。

ほどなく春が来て、羊の毛を刈る季節となった。Aは、もはや刈る時期だからといってその綿羊の毛を刈ったが、Bはまだ早いといって刈らなかった。分配した羊についてはそれですんだが、共同の綿羊について再び争いが起こり、結局Aは綿羊の右側の毛だけを刈り、Bはもとのままにしておいた。

ところがその翌日、この共同所有の綿羊が死んでしまった。するとBは、Aが右側の毛を刈ったから風邪に冒されたのだといい、Aは、Bが毛を刈らなかったために左側が重くて倒れたのだと争い、ついに裁判になった。

これはむろんつくり話ではあるが、世間には往々にしてこの友人のように、互いに自分の責任を免れ、罪をつねに他に着せようとして争いを助長する者がある。こういうことは、世間によく見ることである。しかし、他人または天より来たと思う災いも、虚心坦懐《きょしんたんかい》に考えれば、**たいがいは自分から起こったものである**ことがわかる。

とどまるところなき「征服欲」に涙したアレキサンダー大王

想像から描きだした逆境もある。すなわち、**自分は自分の真価ほどの待遇を受けていないと考えて不足を感じ、自分で逆境をつくり出す者が多い。**

「自分は隴《ろう》を得るだけの力があるから蜀《しょく》を望むのは当然である」（隴も蜀も中国の地名）と思い、欲望がかぎりなく広がり、おのずと不満をいだくに至る。

元来、不足は数え始めればかぎりなく起こってくる。昔、アレキサンダー大王が世界を征服したとき、仰いで明月を望み、「なにゆえにあの月まで遠征することができないのか」と泣いたという。人間にはほとんど満足というものがない。

私も妙な経験を持っている。十余年前のことであった。北海道から二人の書生が、私をたずねて東京へ来たことがある。一人は北海道、一人は私の郷里の人である。私は一日かかって二人を浅草その他東京の名所に案内した。

その後二人は帰郷し、北海道の書生は非常にこれを感謝し、「あんな忙しい身でありながら、よく自分のために一日をつぶしてくれた。車代もかかったであろう、昼食代も安くはなかったであろう」と心より満足したらしいが、同郷の書生は非常に不満足であったという。自分がはるばる東京に行ったのに、たった一日しか案内されず、広い市中をのろのろした車に乗せられ、昼食も鰻めしくらいで追いはらわれてしまい、あまりに冷遇であったというのである。

しかしこれは、この書生だけではない。この書生と五十歩百歩の人が多い。「自分はこんなに努めているのに、社会はなぜおれをこうまで虐待するのか」「なぜ社会は自分を受け入れてくれないのか」ということは、私がたびたび聞くところである。しかし、社会は決して人を虐待しない。自分が虐待されるに値すれば別である。

もっとも、まれにはこの点に気づく人もいて、「自分には少し悪い癖がある、酒を飲んで乱暴し、人に迷惑をかけたり、または銭勘定がわからぬために人に不義理となることもあり、妙な遺伝があって女性に対する過ちをすることがある」というように、自分の弱点を知っている者はいる。

弱点は知っているが、それならこれを矯正するかというと、そこまでには至らない。そして、**「人間は元来不完全なものである。少しくらい不完全であっても、社会はこれを許すべきである。それが許されないとは社会は余りに無情である」といって、罪を社会に転嫁しようとする。**

思えば人間は卑怯なものである。自分が悪かったと知ったなら、なぜみずから罪を負わないのであろう。そして、自分の弱点のために社会が用いてくれなければ、なぜみずから省みて改めないのであろう。

私は、自分で逆境をつくりながら、他人のために逆境に陥れられたように社会をうらむ人が多いのを、はなはだ遺憾とする。

2 天国と地獄を分けるわずかな「知恵」

「人間万事塞翁《さいおう》が馬」の言葉どおり、とかく人間社会では、辛いと思ったことも楽となり、禍《わざわい》と見えたことも福となる。「禍福はあざなえる縄のごとし」で、つねに互いに回転しているようである。

『菜根譚』にはこう述べてある。

「子の生まれるとき母は命が危く、金がたまると盗人にねらわれる。どんな喜びも憂いのもとである。貧乏だと用心して節約し、病気だと体を大切にする。どんな憂いも喜びのもとである。だから悟った人は順境と逆境を同一視し、喜びも悲しみも両方とも忘れるのである」

一般の人は、逆境に陥ればつねに逆境、逆境とただ悲しみうらんでいる。しかし、**喜びも憂いとなり、憂いも喜びとなるから、逆境ももし善用すれば、大いなる修養の材料となり、かつ順境に達する手段となる。**

勝海舟流「首の伸ばし方」でトンネルを抜け出す

人は逆境に陥ると、とかく冷静に考えられず、前後を忘れ、ただ困る困るといってヤケになる。私は、これは人物の背丈が低いために、前方が見えないのだと思う。

少し爪先立って前方を眺めれば、人間の生きているあいだには、一条の光明が前途に輝き、希望の光が見えるものである。 ところが短慮の人は、一時の暗黒に迷わされ、前途はどこまでも暗闇であると速断し、遠く前方に輝ける光を見損ない、希望を認めることができないで、ヤケになることが多い。

こんな場合に、一歩しりぞいて「はて、この先は……」と考えたならば、前途が少しは見え、逆境のためヤケとなる者がはるかに減少するであろう。

私はかつて後藤新平（明治大正期の政治家）からこういう話を聞いた。彼がある日勝海舟を訪ねたとき、海舟は、「君は医学生だから首の筋肉作用ぐらいは知っているだろうね。ろくに知らねえやつが多いよ。首を横や縦に動かすことは知っているがね。何か事が起こったときに、チョイト首を伸ばして向こう先を見通すことのできねえ者が多い」といわれたという。

まったくそのとおりで、事に直面するととかく混迷狼狽《ろうばい》するだけで、「はて、この先は……」と首を伸ばすのはなかなかむずかしいのである。

ソクラテスの「真価」はいつ認められたか

逆境にある人はよく、「世は無情である。倒れかかった人を、皆の力で倒して踏みにじる」という。私もまたそう思ったことがないではない。

一人が悪口をいうと万人がこれを伝え、四面楚歌の声となり、その標的となった人は浮かぶ瀬もないように思われ、こんなに辛くては生きる甲斐もないと思うこともある。

しかし私は、「世は無情」というのは決して真理の全面を言い表わしてはいないと思う。たしかにこの言葉のなかには真理も含まれているだろうが、それは真理の四割で、六割はやはり友情の世であると信じる。

だから、逆境に陥りながらもなおかつ全力をふるって努力する人は、必ず逆境から浮かびあがると思う。重荷を負ってなおかつこれを耐え忍ぶ人は、世間が必ずどこかで認めてくれる。即座に認める人がいなくても、いつしか必ず認める。生きているあいだに認められる機会がなくても、死後には必ず認めて救いあげられ、人によっては神にもまして崇められるものである。

ソクラテスが獄にあって毒を仰いだとき、その遺骸《いがい》にとりついて悲嘆の涙にくれたのは、少数の門弟にすぎなかった。その四囲にいたのは、師に対してなんらの同情をも寄せぬ人々だけであった。

彼らは「彼はいままでは大きな顔をして人に道を教えるといっていたが、この死にざまはなんたることだ」と口々にののしり、手を打ってその死をあざ笑った。このときのソクラテスはまさに四面楚歌の声に囲まれていたのである。

ところが死刑の翌日になると、国民は皆ソクラテスの徳を認め、「実に惜しい聖人を喪《うしな》った」といって、国をあげて死を悼《いた》み、その徳をほめ、彼を神として祀《まつ》らんばかりに騒ぎ、死刑の宣告をくだした裁判官や証人を叛逆者のごとく非難したではないか。

私は、たいがいの善行は生きているあいだによい結果を生むものであるとは思う。だが、仮にそれがいかに遅くとも、必ず実を結ぶことに変わりはない。世人の目の醒め方が長くかかるかどうかは知らぬが、善事には必ず相応の報いがあると断言する。

シラー（ドイツの詩人）は「世界の歴史は世界の審判なり」といったが、まさにそうである。これを思えば、いかに苦しいことがあってもヤケになるのは短慮のきわみである。苦しみに耐えれば、必ずその報いは来る。悲しむ者は幸いなりという教訓さえある。

苦しみはいつまでも続くものではない。だから逆境にある人はつねに「もう少しだ、もう少しだ」と思って進むがよい。いずれの日か前途に光明を望むことは疑いない。

「人の愉快」は少しも「自分の損」ではない

逆境に陥った人は、他人の善を見るとただひたすらこれをうらやみ、自分は努力もせずに、その人のようになりたいと思うものである。ある辞書を見ると、「うらやむ」とは「心病《うらやみ》」で、他人のよきことを見て、そのようになることを望み思うとある。「病む」とあるとおり、心理上の病的現象である。英語にいう「うらやむ」envy の語は、その語源が vision すなわち「見る」というのと同意なりとある。つまりものを横に見るということで、偏見である。日本語のうらやむと語源が似ているのはおもしろい。

同一の出来事であっても、病的に見ればうらやみとなり、健全に見れば励みとなる。

たとえば自分よりすぐれた人を見て、そのまねをしようとするのは励みである。学者を見て、自分も彼のようになろうと志を立て、聖人を見て、自分も彼のように徳を積もうと努力する。これはみな健全に他人の善を見て励むのである。

これに反し、彼は別段すぐれたことをしないのに自分よりもうまくやっているとか、自分はこんなに努めているのに彼のようになれないと、人の成功をうらやましく感じ、さらには、技量ある自分だけがこんなになったのは彼が秘密に運動したのではあるまいか、上役にへつらって自分のことを讒訴《ざんそ》したのではあるまいか、とまで邪推して他人を憎む者もある。これは、うらやむという病的現象がだいぶ進んだものである。

とかく、**いったん逆境に陥った人は、いままでいたレベルから人を見ることができない。一段下ったところから見るようになる。**爪先立って見れば見えるのに、逆境に陥り低いところに下がるから、遠く高いところに目が届かなくなる。そして、堂々と表面に現われたことを見ずに、陰になった裏のほうばかり見て、人の喜ぶべき善事があってもこれを喜ぼうとしないでうらやむのだ。

先年私の家に、郷里のある老婦人が来たことがある。芝居やその他の東京見物をさせたのち、鎌倉江の島を見てはどうかといったが、老婦人は「郷里には夫も待っておりますから、私だけ行くことは見合わせます」という。

「そんなことをいわずに、行ったがよかろう。国にいるときは台所で働いているのだから、せめて東京へ来たら、鎌倉江の島までも見物して、一息ついたらよかろう。東京へはめったに来ることもできぬから、めずらしいところを見物し、土産話を持って帰れば、年寄りもさだめし喜ぶであろう」といったが、「私が見物して帰れば、年取った俺をさしおいて、自分一人が鎌倉江の島の見物とはなんのことかといわれる」と、ついに聞かなかったことがある。

人の愉快は少しも自分に損ではない。むしろともに喜んで愉快を分かつべきである。

ところが、人が楽しむのを見ると、自分は損するかのように思う人が多い。

もしこれを一歩進めれば、人の不幸を喜び、むしろ禍が降りかかるのをいい気味だと思うようになるであろう。

3 「世話の種子」を蒔いて「うらみ」を収穫することもある

逆境に陥った人は、とかく他をうらみやすくなる。他をうらむのは、それによってなにか逆境に陥るに至った言い訳をつくり、自分の責任を逃れ、これを他に返そうとするからだ。こうなったのは自分が悪かったのではなく天が自分に災禍を与えたのである、自分は悪くはなかったが人に欺《あざむ》かれたのだというように、自分以外に責任を転嫁しようとする底意から生じる。

自分の欠点、短所を棚に上げて他人をうらむ者は世間に例が多い。善事も悪事も一人ではできず、たいていは他人との共同または関係が必要であるため、自分一人の失敗で逆境に陥ったことでも、その理由を自分以外の人に求めやすくなる。

先頃、私のもとに職業のあっせんを頼みにきた人がいた。過去の経過を語りながら、「某はなはだ不親切な男である。できるはずの就職口も彼のために壊された」といって非常に不平を鳴らしていた。彼の話によると、その顚末《てんまつ》は次のようなものであった。

彼は種々の事情があって、従来一カ所に落ち着けなかったが、今回は反省するところもあって、どんなことをしても必ず一カ所に落ち着くことを決心し、ある知名の某氏を訪ねて、自分も今回は大いに決心してやるつもりであるからぜひ紹介の労をとってもらいたいと依頼した。某氏もこれを承諾し、事情を述べてある会社に紹介した。

彼は一日千秋の思いで返事を待っていた。ところが会社から、不景気なので、新たに人を採用することはできないといって、採用を断わってきた。もとより会社の都合で断わられたのであるが、彼はこれを、某氏が自分がいままで一カ所に落ち着かなかったことを述べたために不採用となったと疑って、深くうらんだのである。

いうまでもなく、これは一種のひがみである。いくら彼が、今後は必ず一カ所に落ち着いて努力すると決心したとはいえ、某氏はそれを保証するわけにはいかない。過去においてたびたび転職したのは事実だから、それを伝えたことはよくないかもしれない。しかし、今日なお職を求めていることについては、従来の事情を告げなければ彼の境遇を説明できないではないか。

私は某氏のやり方はまちがっていないと信ずるが、長年逆境にあえいでいた当人のほうは、自然に心がねじけて、他をうらむようになったのである。

ときには「好意を無にする」勇気を持つことも大切

逆境に陥った理由を自分に求め、今日このように逆境に至った原因は自分にあると観念したなら、人をうらまなくなるであろう。

実際また逆境というものは、たいてい自分の失敗にもとづくものである。したがって、**「このことについては自分が悪い」と、自分の悪かった点を強く省みることも、また人をうらまなくなる一つの方法ではないだろうか。**

私は便宜のために、ここに具体的な例をあげてみる。たとえばある事業に失敗して逆境に陥った人がいるとする。彼はおもむろに過去を顧み、失敗に至った経路を考え、さてこの事業はいかにして始めたか、また誰に相談したかを思いめぐらす。そして、あの男がこの案を奨励し、大いにやれと勧誘したから、自分も思いきってやる気になったのだと感じたとする。

この場合に一般の人は、「あの男の勧誘がなければ、自分もしなかったであろう」と人をうらむだけで、その人の勧誘を取捨する権限が自分にあり、彼の話を聞いたのは自分が悪かったのであるということまで考えない。あるいはまた、せっかくいってくれる好意を無にするのも気の毒であるからやったという人もいる。

しかしながら、**自分が見て正しくない、よくないと思ったなら、たとえいかなる好意であっても辞退するのが当たり前である。自分の意志に反してまでも、これを受けたのはまちがいである。自分が誠意のないことをしたのである。**

先方の好意に対し、誠意もないのに誠意を向けようと考えたのが誤りであった。また、自分で正しいとか確かであるとか思ってやり、そして失敗したならば、それは自分が判断を誤ったことを示すので、責めは自分にあり勧誘者に罪を着せる理由にはならない。

結局どう考えても、その事業に失敗した理由は自分にあって人をうらむべき点はない。このように、人をうらむことは、自分を責めることの軽重によって解決される場合が多い。

4 同情心の深さでその人の「順逆」がわかる

逆境に陥った人は、その周囲にあるものがみな自分を虐待し、自分に苦痛を与えようとしているかのように思い込む。他人に対する同情心がないから、他人が自分に同情を寄せることもわからない。はなはだしい場合は、**他人もまた自分のように、こんな目にあえばよい、という考えを起こすに至る。**

これは日本人にもっとも多い短所であると思う。きわめて日常的な些細な例であるが、子どもが人形や玩具などをほしがる場合に、多くの日本人は、「自分の子どもも時代にもこれをほしがったが、それをもらったことがない。いまの子どもがこんなものを持ちたがるのはぜいたくである」と、一言のもとにはねつけてしまう。恥ずかしながら私自身にもその経験がある。

私の知人のなかにクエーカー教徒の米国人がいる。これはきわめて厳格な教派で、信者はできるだけ質実な生活を営み、衣服はじみな色合いを用い、決して赤とか青とかのはでな色を着ない。平生愛読する書物も科学・宗教その他のまじめなものばかりで、小説は読まない。一生涯芝居を見たことさえないという人もある。

かつて私は、自分の子ども時代に非常に玩具をほしがったのに、ついにもらえなかったことがあるので、いまの子どもが玩具をほしがっても、それを与えるのはぜいたくであるといったとき、この派に属する私の友人はこう説いてくれた。

「それはよくない。自分が子どものときにほしくても買ってもらえなかったものなら、いまの子どももきっとほしがっているだろうということが、よくわかるであろう。自分がほしかった気持ちを考えるなら、ほしがるいまの子どもに買ってやるのは当然である。自分がもらえなかったからといって、子どもにも持たせないというのはまちがいだ」

私ももっともなことだと思った。**逆境に陥った人は自分の逆境を思って、とかく他人が自己と同じ逆境に陥るのが当然であるかのように見なすことが多い。**

二十年かけて溶かした「心に張った厚い氷」

逆境に苦しんだ人がこういう観念を起こすのは、逆境のために同情心を失うからである。人が逆境に苦しむのを見ると、「なあに、おれだってそのくらいのことはやってきたのだ」といって、その逆境に同情せず、かえって反抗の念を養うものである。

私が母を失ったのちの数年間は、恥ずかしながらこのような考えを脱することができなかった。

私は十年ぶりに懐かしい母に会うのを楽しみにして北海道から郷里に帰った。ところが着いたときには、母は三日前にすでに亡くなり、前日すでに葬儀が終わっていた。札幌にも通知は出されたのであるが、私の出発と行き違いになったので、私は帰郷したのちに初めてこのことを聞き、まったく青天の霹靂《へきれき》のような思いであった。

その後は、母を失ったという人を見ても、何となく同情が薄らいできた。亡くなった人の年齢が母よりも老年であったと聞くと、気の毒というよりも、むしろ亡くなったのが当然であるかのように感じた。母を失った人の年齢が自分より上であったと聞けば、自分より長く母に養われていた幸福を思い、また、離れていて母に会わなかった年間が自分よりも短かったことを知れば、死別もまた当然であったかのように感じた。自分よりよいことがあってもうらやみはしないが、悪いことがあっても同情心が起こらなかった。私は恥ずかしながらこんな気持ちを二十年間も失わなかった。

このようなことは公に発表すべき性質のことではないが、自分の弱点から推測すると、世にはこんな人も必ずいるであろう。こういう目で人に接すると、どことなしに人に冷ややかで不快な念を与え、他人を批評するにも無情な言葉を発し、したがって自分も不快になり、人にも不快を与える。あたかも氷を抱いて世を渡るように、接する人の心を冷ややかにしてしまう。

「海の下にも都あり」

私がよく耳にする言葉に、「君、世の中はそんなに甘くいくものではない」というのがある。そういう人は、自分では人生の真情を穿《うが》ったと思っているかもしれないが、実はいっそう深入りしなければとうてい穿てぬものであろう。

人生は百合の根のようなものである。剥《は》いでも剥いでも、なお中身があるように思われる。途中まで剥いだ人、一枚でも多く剥いだ人は、それだけ人生を多く味わった人というべきである。五十歩百歩とはいいながら、剥いで剥いで中心に至らなければ、とうてい人生はわからないものである。

ところが、途中まで剥いだ人は、とかく中心まで剥いだようにいう。辛い経験をした人は、途中の辛さだけを味わって、奥もまた辛いものであると早のみ込みする。自分で人生の奥をのぞいたのではないが、演繹的にこうであろうと判断するのである。このような判断は、必ずしも正しいものとは思われない。

私は元来、天は人に与えるに祝福をもってするものであると確信している。どんな災難を受け、どんな逆境に陥っても、最後には必ず極楽浄土に至るものだと確信している。迷信かどうかは知らないが、私はこう信じる。だから人生を悲観しない。

人生の辛さをわずかに二つ三つ味わったくらいで、それをもとに社会のすべてのことを判断するのは、決して健全な思想とは思われない。

たとえば、友人としていままで信頼していた人が自分を欺いたとすれば、「人はすべてこんなものだ。あれほどの友人でも現におれを欺いた。他はいうまでもなく欺くであろう」と結論する者が多い。

また家来が不忠であれば、人はすべて不忠だと推定し、信用した人に金を貸して返済されないときは彼を盗賊と思う。尊敬した人が一歩誤ると、あるいはたとえ実際には誤っていなくても、第三者からそのような噂を聞くと、世界に尊ぶべき人は一人もいないように思う。自分一人の狭い小さな経験を標準として、何もかも計る。これは逆境に陥った人の大いに警戒すべき点である。

人は「海の下にも都あり」という信念を持たねばならない。叢雲《むらくも》の陰には太陽が輝いている。

自分を欺いた友人は、自分でも後悔しているにちがいない。また世間には、欺かない友人もたくさんある。また金を返さぬ負債者も後年必ず返すであろう。たとえこの人が返さなくとも、世には返す人が多数ある。自分の尊敬していた人も、弘法にも筆の誤りというように、高い道を歩みながら一歩二歩と踏みはずしたことがあるかもしれない。しかしそれにしても、なお自分よりは高い険しいところを進んでいる。

このように善意に人生を見るならば、世は悲観すべきことがないと思われる。だから事にあたっては、**自分の狭い経験だけで判断せず、公平に大きく広く世間を見渡し、「達人は大観す」という態度を保ちたい。**この心がけを守りさえすれば、いかなる逆境に陥っても、心を頑固に閉ざすことはあるまいと思う。

5 「ぬれた毛布」のような人になってはならない

どんなことでも、他人の言葉はすべて悪意に解釈し、ひがんで聞き、たとえ人が親切な行為をしても、その温かい心を汲みとることができず、冷笑をもって迎える者がいる。こんな人を見ると、世の人はいやな人間だといってきらう。

ちょうど『ファウスト』にあるメフィスト的な人である。誰が見ても、何となく薄気味わるく感じ、西洋人のいうぬれた毛布（wet blanket）のように、せっかくの希望や楽しさを挫き、いままで団欒《だんらん》して、楽しく語り合っていても、このような人が入るとともに話の腰が折れ、一座がしらけ、一人去り二人去り、いつしか賑やかであった人々も自然に去って、その席が寂しくなる。

こういう人は、どうしてこんなになったのだろうか。もちろん先天的な性質によることもたくさんあるが、子どもの頃から逆境に育ち、性質が曲がって、いこじとなった者が多い。普通ならまっすぐに伸びるはずなのに、逆境という覆《おお》いのために伸び損ない、ねじけたのである。

私はこんな人の話を聞くたびにいやな気がすると同時に、彼を気の毒な人だと思う。そして彼の性質がゆがんだ原因を考えると、「もし自分が彼と同じ境遇になったならば、もっと激しくなりはしないか」と自分と比較して、彼のねじけたことを無理もないと感じる。

このような人は、「つねに世間は無情である、冷酷である。自分はこんなに努力しながら、なお逆境に苦しんでいる。私の心を見てくれる人がない。こんなに苦しんでいる私の痛いところをさすってくれる人がない。こんなに悲しんでいる私に対して、一言の親切をかけてくれる者がない。実に世の中は冷酷である」といい、他人だけを責める。これは女性に多く、女性の愚痴もこの一種である。しかしこれは、女性だけにかぎるものではなく、男もまた決して少なくない。

しかし、退いて一考すれば、これは他人が同情心に乏しいのではない。自分に同情の念がないから、他人もまた自分に対し同情を寄せないのである。

以心伝心、魚心あれば水心ありで、自分が同情を持っていれば、それは必ず他に反映して、他人からも同情を寄せられる。自分では世をうらむがごとく、きらうがごとく見なしていて、どうしてひとり他人の愛を受けることができるであろう。

同情の買い方にも礼儀あり

自分がいかに逆境に苦しんでいたからといって、世間の人はどうして自分の痛みを知ることができよう。**他人が自分の痛みを知らないからといって、その同情を買おうとして、相手を選ばずにその苦痛を訴えるのは卑怯な仕業である。**

これはいかにもめめしく、男としての勇ましい点が見えないが、しかしその痛みを正確に告げなければ、とうてい自分の痛いところを他人に知らせることはできないであろう。したがって、人から痛いところをさすってもらおうと思っても、それはできない願いである。またさする人も、どこが痛いのかまったくわからないので、やむを得ず頭の先から足元までをさすり、さすっているあいだにはどこか痛いところに触れると思うだろう。しかしさすられた人は、はたしてこれを喜ぶであろうか。いや、いらぬところまでもさすられて、迷惑を感ずることは明らかである。

逆境に陥った人が他人の同情を受けたいと望んでも、どの点が苦痛であるかを他人に知らせなければとうてい同情の手は苦痛の点に届かないだろう。ちょうど靴を隔てて痒《かゆ》いところを掻くのとよく似ている。だからといって乞食根性を発揮して、ここが痛い、あそこが苦しい、と訴えることもできない。

それでは、逆境に陥った人は、その苦痛を訴える手段がないのであろうか。また訴えるとすれば、どのようにこれを告げるべきであろうか。

打ち明け話も相手を誤ると「心の重荷」が倍になる

こうした卑怯な根性は、相手を選ばずに泣き言を訴えるものであるから感心できない。しかし、**親友に逆境の事情を打ち明けることは決して悪くない。**いや、むしろよいことであろう。友のありがたさはこんなときにいちばんわかるのである。私は逆境に苦しむ人にこのことを勧めたい。

男にもあるが、ことに女性に多いのは、知らぬ人に対しても、とかく自分の不幸の事情を洗いざらい告げる傾向があることだ。女性は一人でクヨクヨ思っているよりも、これを他人に打ち明けると、その苦痛が軽くなるように思い、思慮もなく打ち明ける。なるほど一時的には苦痛は軽くなろうが、相手を選ばずに訴えると、長い月日のあいだにはかえって苦痛を増すことがある。

男がその思っていることをすべて打ち明けるとき、世間には彼をサッパリした人という、秘密のない快男児であるようにほめる者がある。私自身もまた、何もかも打ち明ける傾向があるから、これを戒める権利はないが、普通世間の人が秘密のないのをよいことのように説くのは、無理な議論であると思う。どんな人でも秘密を持たない者はいない。

人は秘密というとすべて悪事だけのように思う向きもあるが、決してそうばかりとはかぎらない。

たとえこれをあばいても罪にならず、また名誉を傷つけもせず、しかもこれを打ち明ける必要のないことが多い。

なかには、それが世に知れわたればかえって名誉となるというような秘密もたくさんある。だから、秘密ではあっても必ず悪いこととはいえない。人にはそれぞれに相当の秘密があることを前提としなければならない。

逆境に泣く人が相手を選ばず、誰にでもその苦痛を打ち明けるのは害がある。**もし秘密を持っているために心を痛めることがあれば、平生もっとも信頼している親友に打ち明けるのがよいと思う。**

語るなと人に語ればその人は
また語るなと語る世のなか

このように、相手を選ばずに打ち明けると、伝わり伝わっていくあいだに、ますます真相から遠ざかり、かえって心を痛める種子を増やすことになるかもしれない。

重症の夫を放り出して家をあけた妻の「胸算用」

突如として災禍にあったとき、人はその災禍がどれほど大きなものであるか、ほとんどその大きさがわからなくなる。脚下から飛びたった鳥に驚かされた人は、その刹那《せつな》に、いま飛びたった鳥はなんであったか、またその大小、形状、はたまた色合いはどうであったか、ほとんど目にとまらない。しかし一歩を退いて、いま高く飛びあがった鳥と自分とのあいだに相当の間隔をつくると、鳥の大小も、また何の種類であったかもよくわかってくる。

われわれもまた、**天災または人為の禍にあうときは、一時目がくらんで、その真相を見損じることがある。小事をも大きく買いかぶり、大事をそれほどにも思わず、大小軽量の分別を失い、そのためにまったく無益に心をわずらわすことがある。**

私の友人は、かつてこの問題にもっとも適切なる経験談を語ったことがある。この友人は、多年非常に過度の勤労をなしたために重病にかかり、三年もかかってはじめて全快した人である。友人は発病当時の状態をこう語った。

「私はある日、勤務先より帰ると、突然病にかかって倒れてしまった。家族は非常に驚き狼狽《ろうばい》した。とくに妻は、『平生過度の仕事をしておいででしたから、あらかじめ覚悟はしておりましたが、まさか今日こうなると思いませんでした』といって泣き出した。しかし自分は、二、三日もたてばすぐ回復する病気である、心配することはない、といって笑っていた。

翌日妻は看護婦の手に病人の私を託し、『私も非常に驚き疲れましたから、三日間転地保養に行きたいと思います。お暇をいただきたい』という。私もたいした病気とも思わなかったから、暇を与えた。ところが一日過ぎ二日たっても回復しない。はたしてこれは重症であることがわかってきた。それにつけても、私が病に倒れたときに泣いて心配し、またこの重症を知りながら、三日間も放任して自分一人転地している妻の気もおかしい、変なやつだと思い、のちには妻の分別をも疑うにいたった。

ところが妻は予定どおり三日目に帰ってきた。帰ってくると同時に、非常に熱心に私の看護に努めた。私は、転地の前後で妻の態度があまりにめだって違うので妙だとは思ったが、病はますます重くなるのみで、全快するまでには前後三年以上もかかったため、腑に落ちぬ挙動であるとは思いながらも、いつしかそのままに過ぎてしまった。

五年もたったあるとき、談話の折に、『あのときはどういう考えであったのか』と妻の考えを聞くと、妻は、『ご病気におかかりになることは予期していましたものの、今日、明日とは思ってもおりませんでした。しかしご病気におかかりになった以上は、善後策を講じなければなりません。そしてそのためには冷静に考える必要があります。病人のかたわらにいては、病に気をとられて前途が見えなくなります。むしろ少しあなたのそばを離れて、冷静に先のことを考えたほうがよいと思ったのです。また、ご病気となられたとき非常に驚きましたので、その夜は多量に吐血しました。これは大変である、自分は看護すべき重大な任務を有する身でありながら、自分が先に病に倒れるようなことがあっては、と思ったので、しばし静養して興奮した気を静めようといたしました。要するにご病気に対する始末と、自分の休養とのために、また善後策を考えるために三日間のお暇を乞うたのでありました』といった」

これは友人の事実談である。すべて禍とか逆境とかは、不意に起こるものである。この場合には狼狽せず、ユックリと前後を考え、軽重を比較し、善後策を立てねばならない。**ただ大変、大変と騒いでいては、ますます逆境に深入りし、逆境は二倍にも三倍になり、ついには逆境を切りぬけることがとてもできなくなる。**

⑥ 豪雨のあとに芽を出す「より強い自分」

逆境に陥ったならば、逆境そのものを善用して、わが精神の修養に生かすのがよい。たとえば夏の日には、空が突然かき曇り、にわか雨が降りそそぐことがある。雨具を持っていなければ、しばし木陰にたたずんで晴れるのを待つのも一つの方法である。しかし、「雨降らば降れ、風吹かば吹け、自分は行くところまで行く」という覚悟で進み、雲が晴れ日が輝き、ぬれた衣服が自然に乾いて元どおりになるのを待つのも、また一つの方法である。

私は、逆境に陥ったならば、これを避けこれを防ぐことを悪いとは思わないが、必ずしもよいとも思わない。

私はむしろ、**あくまでも逆境に耐え忍び、逆境のなかから一つの修養の材料を求めるようにしたい。**私のいう逆境の善用とはこの意味である。

それでは、逆境はどうすれば善用することができるか。以下、少しこのことを述べてみたい。

病んだことのない人間は「名医」にはなれない

今日キリスト教が幾億万人に慰安を与えているのは、キリストという人がつねに逆境にあって、つぶさに人生の辛酸をなめたためであろう。ゲーテはキリスト教のことを「悲哀の神殿」といった。これは、われわれにもっとも興味深い言葉である。

いわゆる逆境があればこそ、われわれは人に対する情を覚えるのである。

人の情を知らぬ者が、どうして人情の真味を味わうことができよう。武士はものの哀れを知るという。これを知らぬは真の武士でない。わが身をつねって人の痛さを知れというように、逆境に陥り、逆境のなんたるかを知った人でなければ、人情の真味を味わうことはできない。

喜びがあれば喜びを共にし、悲しみがあれば悲しみを共にする。これは人情のもっともうるわしい点である。

ただし、喜びは自分ひとりだけで喜んでいても、そのために他人に苦痛を与えたりはしない。もっとも世間には、喜びがあっても、これを他人と分かつことを惜しむ者さえあるが、それでも他人に別に迷惑をかけるわけではない。

これに反し、悲哀のときにこれを人に分け持ってもらい、他の同情を得るようにすれば、一人で担《にな》う十貫目の荷物も半分ずつとなり、五貫目を担うような心地がする。これは社会生存上もっとも必要な条件であるが、この情こそ逆境を善用して養うべき要素なのである。

それで思い起こすのは、先年遠く南米アルゼンチンに渡航した伊藤農学博士（伊藤清蔵）のことである。

彼は札幌農学校を卒業したのち、単身奥州街道を徒歩で上京したことがある。ときは炎熱の盛夏、日は輝き地は焼けて熱を吐き、草は蒸し、しかも途中で病気にかかり、非常に辛酸をなめた。当時私は北海道で神経衰弱にかかり、病床にあったが、彼は東京に着いた日にこれを聞き、わざわざ手紙でこういってきたのである。

「実は自分はいままで病気にかかったこともなく、病気に対する同情がなく、人が病気だということを聞くと、ばかばかしく思っていた。ところが今回、自分が病気をしたので、心より病気に対する同情が起こり、先生のご病気を耳にして、さだめし辛いことであろうと思った。今回の病気は、自分をして先生のご病気に同情させるため、天が特に自分に与えたもののように思われる」

逆境に陥った人は、自分の逆境に引き比べて、他人の逆境に対して同情を厚くするのである。

「いやなやつ」と思う前に相手の重荷に手を貸す心がけ

逆境を善用すれば相手の短所を許すこともできれば、自分の短所を除く手段ともなり、勇気を養うこともできると思う。

たとえば、「あいつはなんだか気に障る」とか「いやなやつだ」と思う人がある。しかしよくその履歴を調べると、これだけの履歴のある人でこうなるのはむしろ当然で、もっと悪くならなかったのはかえってこの人の偉いところである、と思われることがある。

また妙に内気で陰鬱《いんうつ》で、ろくろく口も利かないやつだと思っても、彼が早く母を失い、他人のなかで養育されて虐待を受けたとか、寒空に単衣《ひとえ》一枚でふるえたこともあり、一日二食で過ごしたこともあるとかいうことを聞けば、「今日彼がこうなったのも当然である」と思う。

そしてもし自分が彼のような逆境に陥ったならば、なかなかこのくらいではすまなかっただろう、この人はよくも耐え忍んだものである、としみじみ感心し、彼の短所も憎いどころか、かえってこれをゆるす気になる。

そして自分もまた同じような不幸にあった場合には、「あの人はこれだけの苦に耐えたではないか。自分もまたこのくらいのことができないはずはない」と省みて、多くの勇気を養うことができる。

7 自分の「真価」が試されるとき

自分がひとたび逆境に立つときは、世人の心が赤裸々に現われてくる。順境の場合には見えなかった心の汚れも、逆境にあうときは見苦しいまでにその本性を現わすものである。

順境にあるときは、縁もゆかりもない人がなんとかかんとかいって訪ねてきたり、ちょっとした根拠をもって親戚だとか親友だとかいう。ところがいったん逆境に立つと、知らない人はもちろん、平生懇意にして親友らしくふるまっていた者すらも寄りつかなくなる。自分が逆境に立つと、人の心のあさましさがはっきり見えてくる。

私の知っているある名士は、冤罪《えんざい》のために一時獄中の人となったことがある。世にある頃にはもっとも懇意にし、頼るべき人と思った知人さえも、名士の境遇が一変するとともに、訪ねるのをやめたという。

順境にあるあいだは、人は友情を育成するが、その友情は、逆境に陥ってはじめて試

されるのである。順境にあるあいだは、人々の友情は同じように見えるが、ひとたび逆境に陥ると、世人はたちまちその本性を発揮し、蔽《おお》うことができなくなる。

西洋の諺に、「順境にのぼり始めると、見ず知らずの親類が現われる」というが、まさに名言である。平常、何事もないときには路傍《ろぼう》の人のように、同情や慰めの言葉はもとより手紙一本も出さない者も、その人が金儲けでもしたり、多少得意の境遇に立ったときは、たちまち親しい友人となり、離れがたい親戚のようになってしまうことが多い。

かつて私がある人と、一時相当に名の聞こえた人について語ったことがある。そのとき彼はその名士を指して、「彼は私の叔父ですが……」と幾度となくくり返した。ところが私は、その名士についてよからぬ噂を耳にしていたので、「ああ、そうですか。実はあの人についてあまりよくない噂を耳にしていますので、忠告したいと思っていますが、私は他人でもあり、よく知りませんので、いままで遠慮していました。君がご親戚であればちょうど好都合です。忠告をしてもらえますまいか」といったら、彼は急に態度を一変し、「いいえ、彼は叔父に当たってはおりますが、それは単に義理上の……」といって、急に疎遠らしく装った。

自分に都合がよく、利益のある場合には順境の人を利用するが、少しでも逆境に向かうように見えると、すぐに逃げて避けるのが人情である。

こんな例はたくさんある。とかく相手が順境にあると、わずかなことを頼りにして近づこうとし、いったん逆境に陥れば、いかに親しい関係の者でもなるべく遠ざかり、知らぬ顔をしたがる。

すべてとはいわぬが、大多数はこういうふうである。だからこそ、逆境は人の心を試すよい機会であると思う。

私はあえて人を責めようとするのではない。みずから省みて、以上に述べたようなことを行ないはしないかと戒めるのである。

もし知人が立派な身分となり、世にときめいたなら、私は彼のもとに行きはしまいか。そして、いままでは知らなかったが君とは親類であったといって、提灯持ちのように卑怯にふるまうことがありはしまいか。人を責めておきながら、自分もまた同じことをしてはおるまいかと反省する。

要するに、**逆境は他人の心を試す石であるだけでなく、自分自身の精神を試す力もある。**

黒雲をながめて生きるか、日光を浴びて生きるか

私は北海道にいた頃、学生に教訓を与えようとして、逆に大いに恥じたことがある。当時学生のなかに、一カ月三十銭の裏長屋に住み、孤灯《ことう》の下に粗食して、苦学していた者があった。私は衛生上はなはだよくないと思い、忠告したら、「私のところの破れ障子から見る月も、先生の書斎のガラス窓から入る月も、月に変わりはありません」といわれ、なるほどこれは名言である、とつくづく感心した。

逆境にいる人は、心を冷静にし、「これはいったい何か」という研究者の態度で逆境を見れば、それが笑うべき薄っぺらな境遇であることがわかる。

私が数年前アメリカから帰る途中、太平洋上で急に大暴風となり、わが船はたちまちいわゆる逆境に陥らんとした。船に強くない私は、大いに心配したが、二、三十分のう

ちに、船は再び順境に戻った。おそるおそる甲板にはいだしてみると、甲板の左側にはなお黒雲がものすごく渦巻いているが、右側はすでに日光がカンカンと輝いている。実に不思議な現象であった。船長に聞いたら、「あの黒雲はわずかのあいだたなびいているだけだから、少し方向を転換しさえすれば、なんら危険はない」といっていたことを記憶している。

逆境といっても、ちょっとのあいだ、わずかの部分を蔽っているものもある。これを雲にたとえれば、十分か二十分くらいのもののもある。あるいは一年か二年くらいのものもある。これらは少し高所にのぼって見れば、雲以外、逆境以外の光明を見ることができる。壁一重を越えれば順境に出ることができる。

この狭く短い逆境のなかにはまって狼狽すると、みずから進んで黒雲に入る、すなわち好んで逆境に入ることになる。

だから逆境に陥ったときは、冷静にこれを分析するように、逆境とはどんなものであるか、どれほど遠いものか、また何年続くものであるかを考えるとよい。こう考えるだけでも、逆境の力を半分以上削ることができる。

また、高きに達しない私は残念ながら、いわゆる脱俗の経験には乏しいからはっきりとはいえないが、経験ある人の話を聞くと、身は逆境を脱し得なくても思想を自由自在に飛行させ、超然の域に達し得ることはたしかにできると思う。

私のわずかな経験においても、われわれ凡人にもなお達し得ることと思う根拠がある。私は富士山に登ったことはないが、富士の高嶺には達し得られることも承知し、またその頂がいかなる形であるかも、遠く望んで見たこともある。その見たことから推測しても、誰にでも登り得られるという確信が持てる。脱俗も同じことではあるまいか。

8 歩きやすい道にこそ落ちている大きな「つまずき石」

前にも述べたように、キリストはとかく逆境に苦しんだことが多かったが、ときにはいわゆる順境となって、世の中にもてはやされたこともあった。こんなときには、いっそうみずから警戒していたように思われる。人が油断するのはいつかといえば、とかく順境にあるときである。

人が順境にいるときは、順境の誘惑が出てくる。このために、自分は逆境にいるぞと覚悟していたときよりも、かえって不幸に陥ることがままある。そして私は、少なくとも五つの危険が、順境の背後に潜んでいると思う。

順境に立つ人は、ややもすれば傲慢となる。いわゆる得意の人となりやすい。人にほめられると、いままではそれほどにのぼせなかった人も、妙にのぼせあがる。人が自分のことを学者学者と持ちあげれば、自分でも真に偉い学者であるかのように思い、人が才子であると称すれば、自分でも才子であるかと思う気になる。

しかも、単に自分を偉いと思うだけにとどまらない。ひいては他人を見下し、したがってものをいうにも高慢ちきとなり、他人のアラを探すのをなんとも思わなくなる。人に対する無礼のふるまいを意にも介さないくせに、人が少しでも無礼をすると、大いにその威厳を傷つけられたかのように思う。

こんな例は世間にたくさんある。ほとんど毎日この例を目撃しないことはない。そしてその変化の急激なことは、まったく別人を見るような思いさえする。昨日まで困窮して卑屈な態度でいた者が、今朝一片の辞令を受けとると、その瞬間から、都大路を狭しと横行闊歩《かっぽ》することもある。役人などにこんな者が多い。ことに小役人には、こんな型の人がすこぶる多い。

もっともこれは、決して役人にかぎった弊害ではない。いかなる職業にある人でも、少しいい目を見ると、たいていこの傲慢心がきざしやすいものである。度量の小さい者は、その小ささに反比例して、逆上の度が高いようだ。

今日怠ければ昨日までの努力がゼロになる

順境にある人は、ややもすればその職業を怠りやすくなる。つまり順境に安んじ、油断するからである。ここまでくればまあよいと、みずから安んずる考えが起こって、その職を怠る。これは、あらゆる階級のあいだによく見受けることである。

青年学者に例をとると、相当の地位を得るまでは非常に勉強もすれば、熱心に研究もする。しかしいったん相当の地位に達すると、もう急に大家になりすまして、書物を読まなくなり、研究も怠りがちになりやすい。

学者などは、勉強し研究することが一つの道楽であるから、この種の人々のあいだには誘惑もそれほど多くはないが、他の職業の人はいっそうこのような習癖に陥りやすいようである。

もちろん自分でも怠ることは悪いと気がついている。だから人に語るにも、自分がここまでくるにはこれこれの苦心があったと、過去の苦心談をして、いまの怠りを昨日の努力をもって補おうとする。ところがいまはどうかというと、それ以上に苦心をしないでズルズルにしている。

こういう順境の人に対しては、周囲の人も怠惰を許す傾向がある。「もう、あなたもここまで達せられたから、なにもそんなに努力しなくともよい」といって、むしろ怠ることを勧めるふうが見える。

順境にも達せず、成功もしない私らに対してさえそういうことをいう者がしばしばあることを考えても、世間にはこのような勧告を受ける人が少なくあるまいと思う。

家康流「不満解消法」

順境に達したのち、人の恩を忘れぬことは、ひとかたならぬ努力をもってせねばできにくいことである。もとより世間には、恩を知る人が数多くある。私はその数多いことを疑わない。しかし、喉元過ぎれば熱さを忘れるで、逆境時代にはその受けた恩を忘れぬものであるが、順境に達し多少得意になると、以前の苦しかった記憶がだんだん薄らぎ、受けた恩もとかく忘れがちになる。

家康公の訓言に「不自由をつねと思えば不足なし」とあるが、不自由の時代に受けた恩も、自由になると、たちまちにして忘却しやすい。

元来人は、他人が己のためにしてくれたことを安く値踏みし、人のためにしたことは過多に計算したがるものである。

私が先年、故伊藤公（伊藤博文）に会ったとき、公はその今日あるにいたったことを述べられたが、自分の今日があるのは、村の学校の先生に負うことが多いと話された。

この心が尊いのである。公が公たる偉いゆえんである。たいていの人はこういうことは忘れやすい。はなはだしい場合は、かえってこれをうらみ、「あのとき先生がもっとよく教えてくれたならば」と嫌味をつける者さえもある。この点において、故公はさすがに時流に傑出したところがあった。

病気の回復につれて安くなる「生命の値段」

それにつけて思い出す日本の昔話がある。

昔ある金持ちが重病にかかって、病勢が日に日に進み、とても再起はできそうもない。親類一同が深く心配し、万一の場合にはどうするという相談を聞いたとき、ともかく第一に病気の見込みについて医者の診察を聞かねばならないということになり、費用はかまわず遠方から名高い名医を迎え、治療を乞うた。すると病気はおいおい快方に向かい、日ましによくなった。

もはや数日のうちに床上げしようというようになったとき、主人は番頭を呼び、「金を五千両包んで医者にお礼をしてもらいたい」といった。番頭は、「五千両は多すぎましょう。そんなに贈る必要もありますまい。またそれほどにお急ぎにならなくてもよいでしょう。もうほどなくお床上げをなさるのですから、そのときになさってはいかがですか」といった。すると主人は、こう答えたのである。

「自分もそう考えないわけでもないが、しかしこのたびの重症でとうてい回復の見込みがないといわれたときには、病気が治りさえすればすべての身代《しんだい》をなげうってもよいと思っていた。ところが、いまの医者がきたために気分も少しよくなり、回復の見込みがついたときは、十万両出しても生命がほしいと思い、翌日はまた少しよくなったので、七万両でよかろうと思った。

こうして病気がだんだんよくなるにしたがい、医者にお礼をしようと思う金額がだんだん少なくなってきた。もし全快してしまえば、五千両はさておき、百両のお礼もどうかと思う。そうなっては自分の心にもすまないのでいっそ全快に先だってお礼をしたい」

少し順境に進むと、人は勝手な考えを起こすものである。

いっときは、この災いが除けたならばいかなることでもすると思っていても、さて災難が薄らぐとともに、自分の決心も弱くなり、災いを除いてくれた人に対する感謝の念は次第に消える。同時に、欲心が出てきて、一時は惜しくも思わなかった金が惜しまれ、一時はほとんど捨てたはずの名誉がほしくなるのみならず、少し油断すると、人の名誉を傷つけてまでも自分の名誉をあげたくなる。

順境に進むにしたがってその心がいよいよ堕落することは、しばしば見ることである。

9 あなたにも必ずある「幸福になる才能」

たびたびいうとおり、私はいまだ未熟であるが、しかし順境とか逆境とかを論ずる場合には、その区別を外に置かないで内に求めたいと平生心がけている。世には財産を失い、名誉を傷つけられても、なおうれしそうにし、いかにも重荷をおろしたというように喜ぶ者もある。また高い地位から突き落とされても、泣き声一つ発せず、かえって身軽になったといってニコニコして世を渡る者もある。

逆境にある人がむしろ幸福だと思うのは、いわゆる逆境を順境に転じるのに外部からの他力を要することが少ないと思われるからである。**自分の立場を変えさえすれば、十中の八九までは境遇の順逆はかえられる。**

聖人が「蔬食《そしょく》を食らい水を飲み肱《ひじ》を曲げてこれを枕とするも、楽しみそのなかにあり」といったのはなにごとにも応用される。楽しみは外形にあるのではなく、内部における心の作用より生ずるのである。

楽しみは「夕顔棚の下涼み」である。夕顔棚の下の日陰も、高楼の屋根の日陰も、日陰には変わりないが、夕顔の風雅なところ、植物に現われた自然の妙を解せぬ者は、ただただ大工左官の手に成った屋根や柱のみを崇《あが》めて、棚の下を逆境とし、屋根の下を順境と称するのである。

このように、**順逆の標準を外に置かずに内に求めることに努めたならば、世に失望する人も不平を訴える人もなくなり、人生の憂苦なるものは七、八分どおり消えてしまうのではないかと思われる。**

『菜根譚』に、「人生の福境《ふくきょう》禍区《かく》はみな念想よりつくりなす」とあるが、人生禍福の境地はすべてみずからの心がつくりなすものなのである。

船酔いせずに「人生の波」を乗りきる操舵法

順境とはとりもなおさず、得手《えて》に帆をあげて進むありさまをいうものであるから、風にまかせて走るのが順当であろう。しかし、いかに順風であるといっても、舟頭は無意識に風にまかせて進んだりはしない。風のままに流れていくとすれば、他の船も同じく風に吹かれて同じ方向に行く。

そして、速度も同じく方向も同じく進んだならば、いかに広い大海でも、ある一部分にのみ船が集まり、船は船に乗りあげ、お互いに争いを起こすことになってしまう。だから、得手に帆をあげるにも、たくみに舵をとって船を導くことを心得ねばならない。

それに加えて、風というものはいかに順風でも、決して帆にのみ当たるものではない。帆に当たるとともに水にも当たって波を起こす。だから舵をたくみとって進むとともに、この波に対しても注意しなければならない。

つまり、**順風のうちにも浮き沈みがある。そしてこの浮き沈みは、順風であるために**

起こる波の作用である。これはわれわれが船に乗っていつも経験することである。

恥ずかしいことであるが、また私の経験談をする。私は若い頃、洋行するのを一生の理想のように思い、いよいよ希望がかなって横浜より米国行きの船に乗りこんだときは、天国に行くような心地がした。

出帆の汽笛とともに船が湾内を出たときは、あたかも順風に乗ずるごとく自分でも得意に思っていたが、港を出て数時間もしないうちに船は動揺しはじめ、二、三日間は船酔いで食事することもできずに苦しんでいた。

ああ、まちがった、こんなに苦しむなら日本を去らなければよかった、と思った。他人から見れば、あの人は得手に帆を上げて一時間に何マイルという速力で進みつつある、とうらやましく思われただろう。だが、うらやましがられている自分の、船中の苦しみはひとかたならぬものであった。

外部から見れば、たしかに順風にいるらしく見えても、この順風に乗じて進には容易ならぬ苦心がいる。

そのあいだの浮き沈みのために船酔いしないよう、**少しばかり上にあがったからと**

いって得意にならず、沈んでも怒ったり他人をうらんだりしないように、心を動かさずに平坦に進むことは、いわゆる順風に処する秘訣であろうと思う。

孟子はかつて、「四十にして心を動かさず」といったが、これはすなわち境遇のいかんによって心を動かさないという意味である。

凡人でも修養によっては、かなりこの境地に進み得ると、私は確信するし、かつそういう人を数多く見た。

第九章

いま自分のために何ができるか

——日常生活のなかの「知的鍛錬のアイデア」

どんなに小さなことでも、
たとえ三日坊主でも、
「自分にいいこと」をする。
その積み重ねが「非凡な自分」をつくる。

1 自分の歩む道を決して踏みはずさない盲目学生の「心の目」

私は毎朝、小石川の自宅から第一高等学校に通勤するとき、盲唖《もうあ》学校の前を通過し、いつでも感心することがある。向こうから一本の杖《つえ》を頼りにして、盲学生が徐々に歩いてくる。こちらからは車が走っていく。あわや車に引き倒されはしないかと思うと、盲学生はたくみにこれを避ける。間一髪の危険のさまを見ては、よくも衝突しないものだと感心する。

そればかりではない。わずかに一本の杖を頼みにしていながら、石にもつまずかず、溝にも落ちずに、無事に通学している。よく危険のないものである。ことに学校の門は広くない。多分一間半か二間（約二・七〜三・五メートル）くらいしかあるまい。それでもその前に行くと、スラリと曲がって門の中央から入っていく。杖に眼があるのではないかと思われるほどである。私はこれを見るたびにつくづく感心する。

これは、盲学生が眼の見えるためでもなければ、杖に眼がついているのでもない。ただ定まった道を定まって歩むからである。この道はこうだということを知っているから、眼が見えなくても、入る道をまちがえないのである。

すべて人生もそんなものかと思う。**よく注意して人間の道を一歩も誤らぬようにしていったなら、必ずうまく目的地に入るものであろう。**その目的地というのは何であるか知らぬけれども、ちょっとたとえてみると門のようなものである。この門から内へまごつかずに入ることのできるのは、踏む道がわかっているからであると思う。

信念の軌跡が「自分の道」となる

たしか鳥羽天皇の御製と思うが、

奥山のおどろがもとをふみわけて
道ある世ぞと人に知らせん

という歌がある。意味は、「道は自然にできていない。自分が踏みわけてはじめて世の中に道のあることを知らせる」とも解することができる。

道は自然にできているのではない。人が足を入れて道とするまでは道とはならない。自然がここにつくっているというだけで、何もしなければ道とはいえない。ある起点と終点とのあいだを歩いてはじめて道が構成されるのではあるまいか。

さらに一歩進めていえば、道というものは人以外にあるものではない。各人がおのおのの脚下に持っているものではないかと思う。

持っているというよりは、むしろやっている行為、歩むこと、行くこと、進むことである。一人でやるのも道であるが、大勢でやれば各人のやりようが容易になるので、ついには大勢が行くところだけ踏むようになって、そこに道が出現するのではないかと思われる。


すなわち道というのは、おのおのの心にあるので、そのおのおのの心の到るところがすなわち道である。

おのおのが道を広めるというのも客観的ではなく、おのおのの心のなかに道がある、これをどこまでも踏んで行けばすべて道となる。換言すれば個人・周囲・社会に対し天地に対して正しいと思うことを行なっていく、それが道というものであろう。

2 歩く道の「高さ」を変えると人生も変わる

「世を渡る」ということは、すこぶる漠然とした意味に用いられているが、私は、**自分以外の多数の人と共同で生存する**という意味に解している。そうであれば、世を渡るにはどういう考えで渡るのがよいのか。

その心得はいかなるものかと問えば、あるいはあくせくして勤勉貯蓄主義で世を渡ることを心得とする人もいれば、あるいは飲めよ食えよで、宵越しの金を持たぬという心得の人もいる。

世を見るのでもまた同じで、人生というものはわずかに五十年だ、太く短くこの世を渡ろうという人もいれば、これと反対になるべく細く長く渡ろうという心得の人もいる。

どうして人の考えはこうも違うのだろう。なぜ世の中を見ることにこんなにも差があるのだろう。

それにはいろいろの理由があろう。たとえば楽天主義に生まれた人もいれば、その反対の性質を持って生まれた人もいる。なかには身体のぐあいで考えを異にすることもあろうし、あるいは苦い経験のために急に考えを変えることもあろう。

そういう種々の理由もあろうが、私がここに述べようとするのは、世渡りについて、いわばおのおのの歩く道に種々の階段があって、世を見ることもまたその階段の高いところと低いところとを歩くのによって違いはしないかということである。

この世の中は、誰でもいっしょに通っていく大きな広い道ではあるけれども、そのなかには階段があって、高いところを歩く人と低いところを歩く人があると思う。

「力のない風に木の葉は飛ばせない」

秋風が吹くと木の葉が落ちる。一枚の葉が飛ぶのを見て、木の葉よりも力の大きなものがあればこそ、これを飛ばすということがわかる。葉が飛ぶのは、葉を飛ばす力がある証拠である。

天の星が飛んだならば、星を動かすだけの力があるからである。動かされるものより偉大なる力がなければ、動かすことはできない。

職業的道徳をよく守り、これをまっすぐに行なう商人があったならば、これは職業道徳以上の徳義心ある人といわなければならない。この心がなければ職業道徳も守れるものではない。職業の道だけ歩もうと思っても、その理想を高所に置かなければ、ごく簡単な道徳さえも守り得ないと思う。世の中で少し偉いことをする人、思いきったことをする人は多く宗教家である。宗教家といっても仏教とかキリスト教とかにかぎるわけではない。自分を棄て、自分の心、自分の力を他に捧げ一任してしまい、自分の身体生命はどうでも勝手にしてくださいというような、自分よりはるかに偉大な力を享《う》けた人でなければ、普通一般人の驚くような仕事はできないのである。

偉い人を研究してみると、どこかに確信がある。この人がこういったからこちらにつく、ああいったからあちらにつくというような、どっちつかずにやっているのとは、一目して違うところがわかる。

私は、**めいめいが職業を営みつつ世を渡るには、職業以上のところに考えを置き、この大きなところから割り出して世渡りしなければなるまい**と思う。

将来「四斗樽《しとだる》」をかつぐために、いま「薬罐《やかん》」を持つのだ

この大きな考えをもって世渡りすることは、なかなか面倒なものである。たとえば薬《や》罐《かん》を持つことが自分の職業にせよ、手桶の二つ三つは背負っても行こう、かついでも行こうという考えでいれば、薬罐を持つことなどはぞうさもない。だから自分は、ただ食うための職業より大きなところに眼をつけて世渡りしたいと思う。

こういうと、不満の心が起こるようなことがないかという心配が出てくる。手桶を持てるだけの力を養っていながら、薬罐を持っていると、始終不平をいう。おれはこのくらいの手腕があるのにこんなことに使われている、ああつまらない、という不平を起こす心配が出てくる。ここが世渡りの心得のもっとも大事なところであろうと思う。

このような思想が起こるのは、私のいう、職業以上のところに眼をつけろという意味が徹底していないからである。私の意味では、**考えを広く持っていれば、することが小さくても、その大きな理想の一部を実行しているのだというところにまで達するはずである。**薬罐を持っているとしても、薬罐が問題なのではなく、水を運んでいるというこ

とが重要なのである。

いまは薬罐という器に入れて持っていくが、もっとよけいに水が必要な場合には手桶で持っていこう、場合によっては四斗樽をになっていこう。つまり、いま自分はつまらぬ役をやっているが、必要があれば何でもやろう、できることなら何でもしよう、というくらいの見識と思想と力を養うことを心がけるべきだと思う。

四斗樽を持つ力がいま利用されないからといって不平をいうような者は、まだその力を養っていないのである。力を養っておいて、必要なときにはいつでもこれを出そうという、日頃の力の蓄え方を心得ていたいと思う。

3 「最高の草履《ぞうり》持ち」を目指した秀吉流処世術

若い人が何か職業につくと、不平をいう。これだけの手腕を持っている自分をこんなところに使うとか、適材を適所に用いていない、などという。だが、おれを社長に使ったならばといっても、はたして社長として使えるだけの技量があるのかどうか。

それよりまず、いまの地位にいて、「彼は何をやらせてもすぐにできる。議論すれば筋道が通っている。何をやらせてもできないことはない」といわれるようになるべきである。


秀吉が信長の家来であったときには、草履を懐中《かいちゅう》に入れて温めていたというような理想的な草履持ちであった。若侍にすればまた理想的な若侍になる。大名にすると理想的な大名になる。なぜかというと、自分の職業をきちんとやり遂げているからである。

低い道を歩いているが、思想は高いところにある。草履持ちはつまらぬと胸では思っていても、一躍して大名になることができないことを知っている。

私はかつて、生徒から質問を受けたとき、いまの月給ではそれは説明ができないと口癖にいっていた中学校の教師があったと聞いたことがある。また、「君、できるもんかね。金でももう少し出したならば、もう少し奮発もできるけれども……いまはちょうど月給だけの働きをしている」などと嫌味をいう者もある。役人などにはよくあることだ。

私も人を使ってみたことがあるが、こんなときに彼にもっと金をやったら、もっとよく働くかどうかの鑑定はなかなかつかない。べつに憎んでいるわけではないが、金をやったからといって、ああいうふうではとてもむずかしい。結局月給を上げるのが後回しとなる。しかし、金のことなど考えずによく働いていれば、あれは感心だというので、月給も上げてやりたくなる。また実際早く昇進するにちがいない。

月給の「上がる人」「上がらない人」

私が人を使っていた頃であるが、金を与えるとただちに使って始終貧乏し、ついには破廉恥《はれんち》罪でも犯さなければよいがというくらい金を浪費する人がいた。間接に忠告すると、いまの月給では貯めたところで知れたものだ、もう少し月給をもらわなければ貯蓄する余地がないという。

それなら、そういう人に月給を増してやればよいかというと、増してやればますます使うだけである。いまのうちは二円の料理ですんだものが、増せば三円のものを食うようになる。月々二十円くらいの借金ですませたものが、月給を上げると借金を五十円に増やしてくるかもしれない。自然、月給を上げないほうがよいと思うようになる。

これに対し、給料はわずかでもこれを貯蓄するとか、親に送るとか子に送るとかすると、彼は感心だ、いかにも金を生産的に使うと思うから、かえってその人に好意を表わしたくなる。つまり、不平をいわず、一生懸命に自分の職業を励む人がだんだんに上がっていく。そして、まじめに自分の職業を努めるという人は、たいがい（みなとはいわぬが）平生自分の職業以上の思想を養うものである。

4 決意を長続きさせる「日に三度省みる」心がけ

恥ずかしい話であるが、私は平生忙しくせかせかしていて、長く黙思することができない。しかし、**忙しければ忙しいほど、黙思する必要がますます多いことは知っている。**

私は幼年時代に、こういう話を聞いた。私の祖父が、あるとき禅僧に向かって、座禅とはいかなるものかと尋ねた。するとその僧が、「座禅といっても結跏趺坐《けっかふざ》することではない。お武家さんでも、いざというときにはすべて実行していることである。たとえば武士が敵味方と分かれ、白刃を閃《ひらめ》かせて切り結ぶときは、いかに大胆な人でもほとんど夢中になって、相手の姿もわからねば自分の立場もわからなくなり、敵の隙を見て乗ずることもできない。しかしこのとき、もし一歩退いてみると、たちまち相手の隙も見え心も持ちなおされる。この一歩退く工夫をするのがすなわち座禅である」といったそうである。

すなわち、奮闘的生活から一歩退いて、静かに自分の身の上を心のなかに反省し、自分の態度を正すのが一種の座禅ではあるまいか。つまり座禅というのも、静かに世の中を去って黙思するのである。

自分はいかに忙しくとも、ちょっとの間はできる。これはちょっとした心がけでできることであろうと思う。**忙しい忙しいというが、外部が忙しいために精神までも忙しくする必要もなければ、また忙しくしないこともできる。**

およそものには本末があり、事には順序がある。本末を見、順序を定めて行なえば、忙しいあいだにもできないことはない。ただ本末を転倒し順序を失するから、仕事が繁雑で忙しくなる。順に行なえばそれほどでもない一日のことも、これを一瞬間に考えるから、非常に忙しく思われる。

食事でもそうである。三度三度順序を追って食っていくから、何でもないが、もしそれを一度に食うことを考えたら、食事さえも忙しくてたまらない。義務も同じで、すべて軽重がある。**重いものから軽いものに、順序を追って行なえば、忙しいあいだにも余裕ができる。**

艱難《かんなん》とか辛苦《しんく》とかも、一度に一生のことを考えるから大変なことになる。親が死ぬ、妻子が病気にかかる、思ったことができない、人から反対を受ける。人間が一生のあいだに受けるすべての艱難を一時にまとめて考えるから、かぎりなく多くなって、どうにも耐えられないように思われるのだ。しかしその艱難も、前後を分けて考えれば割合に楽となり、余裕もできる。

忙しくて黙思するいとまがないというが、黙思すれば忙しいというのは単に外部だけで、心にはかえって余裕が生ずる。

5 知識を「知恵」に生かす法

私は読書が好きで、手に触れた書物はすべて考えずに読む癖があった。考えなしに多読するから、読書の結果が身になることが少なく、労に比べて効がとぼしい。

それと同じように、黙思は大切なことであるが、黙思するにもおのずから方法がありそうだ。長く練習した人は別として、私たち初学者には何か方法が必要だ。

最初のあいだは、時を定めずにやるよりも、一定の時間をかぎって行なうのがよいと思う。たとえば朝起きて後の五分とか十分とかいうように、時をかぎって自分の部屋にひっこんで黙思する。このあいだはどんな用事があっても話を交えない。人が来ても電話がかかっても、取り次がせない。この五分か十分かのあいだは、まったく世の中から離れて、他人を室内にさえも出入りさせない。

また朝ではなく、一日の仕事を終えて就眠する前でもよい。灯火を消して床の上で、一人静かに黙思すれば、身はまったく世間を超脱するであろう。

時刻はいつとかぎることはない。しかし最初は時間を定めて行なうのがよい。なかには、それは形式的すぎるといって笑う者があるかもしれない。しかし、われわれ凡夫があることを行なって、自然に自分のものとするまでには、形式的ながらも時間を定めるのがよいと思う。

黙思さえすればよい、寝ころんでいても、あぐらを組んでいてもかまわないと思う人もいるが、しかし私は、黙思のときは必ず姿勢を正しくしなければならないと思う。寝る前にやるのであれば、寝衣《ねまき》を着ていてもよいが、姿勢は必ず正しくしたい。あぐらを組んでいてもきちんと組むならよいだろう。いずれにしても、態度が決まらないということはよくない。

「ハチは暗闇でなければ蜜をつくらない」

つぎに、**黙思する場所を定めておくのがよいと思う。**文豪カーライルの金言に、「ハチは暗闇でなければ蜜をつくらぬ。脳は沈黙でなければ、思想を生ぜぬ」とある。沈黙にも内部と外部との二種の区別がある。もっとも大切なのは、内部の沈黙であるにちがいないが、外部の沈黙もまた必要である。実際、内部の沈黙はある程度までは外部の沈黙によって助けられる。

喧騒の地にいても、自由に耳を閉ざし、目を閉じて、われ一人となり、自分の周囲に一種の神聖な圏《サークル》をつくり、その間ただ「われのみ」という境地を自由自在につくることができるようになれば、外部の沈黙はいらない。

しかし、この境地に至るには大いなる修養がいる。われわれ凡人は、これを期することが不可能ではないが容易でない。したがってある程度に達するまでは、補助機関として外部の沈黙がすこぶる必要である。

外部の沈黙というが、各自が人家を離れた山間に自然を楽しむことは、望んでもできぬことである。しかたがないから、一人ででも、朝早くとか夜遅くにやるほかはない。そしてその場所は、祖先の位牌《いはい》に対してでもよいし、両親の写真に向かってでもよい。私淑する人の肖像に対し、同座している気で行なってもよい。平生心にかけている金言を書いた掛物を相手としてもよい。

また、家でやれなければ、屋外に出てもよい。毎日できないとしても、日本には屋外に適当な場所はたくさんある。たとえば近所に神さびた神社があれば、そこに行って行なうもよい。寺院や墓地でもよい。公園の一隅を選ぶことも悪くはない。天気のよいときは、庭園の木の根元を菩提樹下《ぼだいじゅか》と心得て瞑想するのもおもしろかろうし、あるいはまったく何もないところでもよい。やろうという気さえあれば、決してその場所の選択に苦しむことはない。

要するに、**どことはかぎらないが、最初は場所を決めたほうがよい。**場所を一定にするといえば、子どもっぽくもあろうが、精神界の児童にはやはり最初はこれがよいと思う。

黙思の場所選択についてはくれぐれもいっておきたいが、決して山林に入り込む必要はない。自分の職務や、親戚友人にさしつかえもなければ、ときどき世を離れることは望ましいが、黙思の目的を達するには、場所よりも各自の心がけのほうがはるかに大事である。

玄関払いを食わされた「邪念の百鬼」

黙思するといっても、何を考えるのであろうか。この疑問は必ず起こる。私もいまだ達した者ではないから、何を黙思するかということは明言はしかねるが、修養者の参考のために、私の思うことを述べてみよう。

黙思とはいえ、私は思考しないところにいきたいのである。黙思しても、それである難問題を解決しようとするのではない。瞑界に遊んで、まったく世間から離れようとするのである。瞑界に遊んでも、土産を持参するのではない。世間から離れて、いうべからざるところの境地に達し、その空気を呼吸するのが目的である。

換言すれば神と交わることである。聖人のような心地となって、異なった社会で愉快に遊ぶのである。黙思した人も、凡夫が見れば少しも常人と変わったところがない。しかし黙思が進歩すれば、見る人が見るとおのずから他と違う。彼の眼には一種の光が輝き、その人に近づくと一種の香りを発する。私はこの域に達したいと望むのである。

沈黙すると、最初はかえって邪念が起こりやすい。平生の忙しさに紛れていたことが、静かに沈黙するため新たに現われてくる。欲も出てくる。人に対するうらみや嫉みも起こるであろう。ほとんど忘れた他人の言葉を思い起こして、不快を感じることもある。いままでは多忙に紛れて潜んでいたものが、暇に乗じて現われ、百鬼が入り込んでくる。これはわれわれ凡夫のつねに経験するところである。

しかし、**いかに邪念が起こっても、それに構わず、黙思を継続すべきである。**そして、起こった邪念に対しては、いまは邪念を起こすときではないと、それを振り払う。百鬼が幾度来訪しても、玄関払いをくわせる。彼らが何遍来襲しても、来るごとにこれを撃退すれば、ついには来なくなる。そのあいだには習性となり、ついには、平生は邪念が起こっても、黙思のときだけは邪念が消えてしまうようになる。

日に五分間ずつでもよい。こうして世事から超然とした境地に遊ぶことができれば、その五分間だけでも聖人となるのである。

なかには、二十四時間に五分間ばかりでは、何の効果もあるまいという人がいるかもしれない。しかし、**わずかに五分間でも、五分間がわがものとなれば、それがやがて十分とも十五分ともなり、しだいに増加することができる。**このようにして進んでいきさえすれば、必ず聖人である時間が長くなるだろう。単に最初の時間が五分だからといって、軽視する理由はない。

聖書のなかに、天国は木の種子のごとしということがある。種子はいかに小さくても、それが発芽し、成長すれば、喬木《きょうぼく》となり、空飛ぶ鳥も巣をつくるようになる。これと同じく、黙思も忘れずに助長してさえいけば、いつかは必ず立派なものに成長すると信じる。

「一日五分間」の工夫で命の洗濯を

黙思を具体的に行なうときには、おかしなこともある。吹き出すこともあろう。最初のあいだは仕方がないが、少し慣れてくると、反省の方法となって、自分の非を明らかに見出し、忘れていた義務に注意が向き、怠ってはならぬことを新たに悟り、期待しなかったことが、瞑想のあいだに現われてくる。

多忙のために心のなかに潜んでいたものが、黙思とともに、外部の圧迫が取り去られて、徐々に発揮される。聞こうと思ってもいなかった声が天外から降ってくる。自分でくよくよ思っていたことも、誰かが来て洗ってくれる。天の使いが来て拭ってくれたような心地になる。

黙思は、忙しい人にはむずかしいというが、一日に五分くらいであれば、いかに忙しくても必ず時間の都合ができる。煙草を一、二服喫うあいだにすぎないのである。来客があったときでも、黙思の時間になったら、ちょっとごめんをこうむってこれをやる。

小用をすませるのと同じようなものとなる。

スイスの諺に、「言語は銀なり沈黙は金なり」ということがある。学問も尊いが黙思はさらに大切である。

6 自分を「鍛えあげる」ということ

黙思すると、最初は雑多な考えが頭に浮かんでくる。むしろ、忙しい仕事をして紛らすほうがよいと思うことがある。それは煩悩を引き起こすからである。

しかしこれは心がけ一つで、鍛錬さえすれば直せる。これはすでに前節に述べたことであるが、これと関連して起こるものがある。黙思していると、おのずから哀《かな》しくなり、憂いを感ずることがある。あるいはこれを煩悩とか迷いとかいうのかもしれない。

しかし私は、いちがいにそういって退けたくない。これはむしろ養成すべきものであると思う。

元来、人生は悲哀のものであり、そして悲哀は決して悪だとは思われない。

人生に悲哀があるのは、酸味のなかに甘味があるのと同じである。宇治の玉露《ぎょくろ》は、味わっているあいだに、その真味がしだいに出て、いいしれぬ妙味がある。人生に悲哀があるのは、これと同じであると思う。武士はもののあわれを知る、というが、私は逆にして、もののあわれを知るのが武士であり、あわれを知らぬ者は武士ではないといいたい。

黙思してわが身の上を考え、全体の人生を観察すると、悲哀の念が湧いてくる。もしその念が湧いてこなければ、その人の心が足りないのである。ゲーテは、「己のパンを食《しょく》するに、涙をもってせざる者は、人生の真味を味わわざるものなり」といっている。

またむかし、水戸烈公《れっこう》（徳川斉昭）が農人形（斉昭が農事に意を用いる心から座右に置いた農夫の像。また、この像にかたどってつくった素焼の人形）をつくらせて子女にわけあたえ、

朝な朝な飯食うごとに忘れじな
めぐまぬ民にめぐまるる身は

と詠み、三度食う飯ごとにその一粒一粒がみな辛苦から出たものである、という考えを起こさせ、さらに一歩を進めて、自分たちが三度食っている飯のためになんぴとかが犠牲となっていることを記憶させたのも同じである。いかなることも、少し深く考えると、みな不憫《ふびん》の気が起こるものである。

この念の起こるのを避けようとするのは、かえってよくないと思う。といって、そのために失望し、落胆して人生を悲観してしまうのはもちろん望ましくないが、黙思の際にこのような観念の起こるのは当たり前のことで、私は黙思の一つの目的としてもよいと思う。

悲哀を感じると陰気になる、という者がある。しかしこれも、やっているあいだに、おのずから真の味が出てくるし、また、やる者も自然の味が出るように向けていかなければならない。この真の味が出るように向けていくことは、すなわち意志の働きである。ゆえにこれは意志の鍛錬となる。意志の方向を定めることはすなわち動機を正すことである。

「何をするか」よりも「何のためか」が仕事の価値を決める

外部に現われることは歴史に残る。大事はいうまでもなく、普通にいう人の能不能ということも、その外部に現われたことにもとづいて判断するのである。かつて伊藤博文公に面会したとき、公が人の才能を計る標準は仕事だといわれたことは前にも述べたとおりである。

だが、私の説はまちがっているかもしれないが、仕事をするよりも大切なことがあると思う。

それは仕事の動機である。いかなる動機で仕事をするかということである。

そして、仕事の動機が人を憎まず人をうらやまず人を害さず、また名誉利益のために焦らなければ、言い換えれば、動機が潔白であれば、そのときは何をしてもよいし、恐れることはない。

正しい動機にもとづいて行なったために、人の邪魔になって、殺されても辱められても、さしつかえはない。人間社会を標準にすれば喜ばしくはないかもしれぬが、また、人間以上に見ている者があるだろう。それを思えば少しも辛いことはない。

この動機を正しくするということが、意志を発揮するにしても、学問をするにしても、人を救うにしても、いちばん大切なこととなる。そしてこれを正しくするには黙思が最適であると思う。何かあることをする前に、はたしてこれは何のためにするのか、名誉や利益のためではないかと思って正すのである。

名利の念は人情と切り離しがたい人間の本能のようなものである。最初からそれを目的とするのでなくても、知らず知らずのあいだに自然にこれに駆られやすい。だから、何事をするにしても、待てよ、これは何のためにするのか、と一歩退いて沈思黙考する。

また青年が将来の目的を定めるに際しても、これは名誉のためにするのか、金のためにするのか、あるいは人をうらやんだり、人の向こうをはるつもりなのか、何の動機で出たかを考える。また日々の小事でも、手を出す前に、同じように自分の心に質問してみる。

これは他人に見せびらかすためではないのか、ほめられるためではないのか、礼を受けるつもりではないのかと、いちいち当たってみないと、ほとんど人間と切り離せない第二の天性のごとき名誉心、貪婪心にその心を奪われていることがある。

この危機に際して、よく自分の本心を守り誘惑に陥らないようにするのが黙思の力である。断食して考える必要はない。斎戒沐浴しなければできないようなことでもない。ただ黙思して、それが一種の癖となって、いつでもできるように養成されたならば、仕事をするに先だって、動機が正されるようになる。

黙思の有無は、個人の修養だけでなく国民の修養としても大切である。日本人はとくにこの沈思黙考の習慣をつけるのがよいと思う。

7 「ひとまわり大きな自分」に生まれ変わる自分の鍛え方

私自身もまた集中力に欠けている。欠けている私がこんなことを説く資格はないのであるが、矯正法についてはわずかながらも自分で経験したことがあるから、思うところを述べてみたい。

頭をいつも「晴天」に保つ三つの方法

第一は、「またきたな」と思う修養法である。 読書のとき、他のことがらはいっさい思わずに、全力を書物のなかのことにのみ注いで考えることは、集中力を養う一法である。これは直接の方法であるが、相当に効果があると思う。

私はこの点について多少試験したことがある。学生を見ると、一時間みっちりと書物を精読し、そのあいだ少しも他念を交えないという者は、きわめてまれである。たいていは一時間以内で疲れてしまう。

また、私自身の実験に照らすと、頭がもっとも快く、気分のもっとも爽快なとき、四時間継続してみっちり書物に向かったことがある。これは頭脳のすこぶるよかったときで、いわば極度に良好な場合である。これをもって一般の例とすることはできない。普通は、恥ずかしいが二時間くらいである。

読書していると、書物以外のことがらがフワフワと浮いてくる。晴天に一片の雲影《うんえい》が現われるのと同じようである。だからもし読書中に他の考えが浮いたなら、「またきたな」とこれを除くことに努める。こうして書物以外の念を駆除することに努めるときは、自然に思想が書物に集中することとなり、一時間しか耐えられぬものを、二時間ぐらいにまで進めることができると思う。

第二に、黙思にも集中力を養う力がある。前にもすでに述べたように、黙思は静座して思考するのであるから、眼は閉じて万物を見ないけれど、心のなかには万物が描きだされる。

これに反し、前項に説いた読書は、眼前に書物を置き、眼はそれに向けられ、心もまた多くは書物に向かっている。書物以外の念が浮かぶとしても、黙思のように、まったくなにものも見ない場合にくらべればいちじるしく少ない。だから黙思は、読書ほど集中力を養うのは困難である。しかし、困難とはいいながら、平生これを心にかけ、もし幾筋かの精神の糸が髣髴《ほうふつ》として眼前に浮かびだしたとき、これを一つに束ね、散乱した精神を一つに帰すように努めたなら、集中力がおいおいに構成される。

第三に、ある種類の習慣を養成することもまた集中力を強める一法である。これはあまりにも機械的で、子どもっぽいと笑う者があるかもしれぬが、私は一つの方法としてこれを勧めたい。

たとえば、写字をすることなどもよくはあるまいか。今日では印刷技術が進歩したから、ことさらに写字する必要はないが、写字をすればそのあいだは精神が落ち着いて、写字の一点に注がれ、自然に集中力を養う効果があるだろう。ことに、手本を見て写すのであるからまちがえばただちにわかる。まちがったのは集中力の弱ったことを示すことになるから、その進歩の程度を見るにもすこぶる便利であろうと思う。もしその写す文書が古来の名文であったなら、名文を写すのにともなう利益を受けることも、また多大であろう。

写字というのは一例で、気を落ち着けてする仕事であるなら、なにごとでもよかろうと思う。また、題を決めて文章を起稿することなどもよいと思う。私は在学中、数学が不得手であったが、幾何学だけはやや興味があった。先年欧米から帰ったときなども、幾何学の書物を読んで、まだどのくらい集中力があるかをたびたび試したことがある。

写字といい文章といい、それはただ修養の手段にすぎない。だから私は、これらの方法を具体的に各人に強いようとするのではない。私は経験にもとづいて例を示しただけであり、各人はそのもっとも便利とする方法を用いて、集中力の習慣を養うのがよい。

「大きな拾い物」をする上手な転び方

私はつねにものごとを善用しようと努めているが、読者もまた大いに善用の習慣を修養する必要があると思う。

カーライル（イギリスの思想家・歴史家）はフランス大革命のミラボー（革命当時の立憲王政派の指導者）を評して、「天が墜ちてきてもただでは倒れない。天が墜《お》ちると同時に、墜ちてくる鳥を捕える男である」といったことがある。日本にも「転んでもただでは起きない」という諺がある。これは従来悪意に解釈され、不正の場合に多く用いられているが、善意に解釈すれば大いに熟考する価値がある。

たいていの人は病気にかかると弱ってしまう。貧乏すれば失望する。ちょうど転んだ人が、転んだままでいるのと同じようである。しかし、ただでは起きずなにか拾うように、病気になっても弱ったりせず、かえって健康のときにできぬ修養をする。貧乏になっても失望せず、かえってこれを善用して、金持ちのできぬ修養をする。こうすればはじめて、ただでは起きぬことになる。いかなる場合にあっても、ただそのままに過ごさず、必ずなにかこれを善用する。こんな心がけで日を送りたい。

すべてに応用できる「フランクリン流生活術」

また、健康のときには、病気のときに行なうことのできない修養ができる。これはあまりに平凡なため、一笑にふし去る者もあるが、転んでもただでは起きぬという主義からみれば、健康もまた大いに善用しなければならない。

身体が健全なときには肉欲が旺盛となり、誘惑に陥りやすい。非常に克己制欲に富む人でなければ、とかく健康を乱用しやすい。「なあに少しぐらい多く飲んだからとて、この体ならだいじょうぶ」と、分量以上に酒を飲んだり、夜更かしする。病人であれば、つねに程度をみて制限するが、健全で肉欲旺盛なときは、知らず知らずに度を過ごす。度を過ごすから、他日必ずその報いを受けるのである。だから健康なときには、ときどき立ちどまって、さて自分は健康を善用しているか、あるいは、乱用してはいまいかと反省したほうがよい。反省して過ちを発見したら、これを矯正しなければならない。フランクリンはその座右銘のなかに、食物をほどよく節制することをあげているが、健康者にはこの心がけがもっとも肝要である。

右に述べたことは、飲食などに関することであるが、善事にも善用の必要がある。善事であるからといって乱用すれば、その弊害を避けられない。たとえば、勉強は善事にちがいないが、これを乱用すると、恐るべき害がある。若い者がこのくらいのことをしたってだいじょうぶといって、終日終夜ひたすら勉強し、栄養や休養を取らぬ者がある。その精神はまことに見上げたものだが、勉強を乱用した害は恐ろしい。これは「自然」から借金するのと同じである。

「自然」への借金は早晩必ず払わなねばならない。しかも高利で金を借りたように、安くはない利子をも合わせて払わねばならない。「自然」は冷酷である。決して事情を斟《しん》酌《しゃく》しない。取るだけのものは取らねばすまない。だから、善事も乱用すれば、その結果は「自然」からの借金となり、その身がついに倒れることもある。一時のために「自然」に借金をするのは、永遠の不利益を受けることになるのを覚悟してもらいたい。

頭のつかいすぎは体に毒か

以上のようにいうと、前に述べた集中力の養成と矛盾するように思う者もあるだろう。健康の乱用を戒めながら、一事に全力を集中せよというのは、健康を害するように思われるであろう。しかし私は、決して矛盾しないと思う。私の経験によると、一、二回集中力の養成に努めていると、ときには頭が痛み、健康乱用のように思われても、それが五、六回に及ぶと、この苦痛も消えて平生どおりとなる。

もとより低いところから高いレベルに達するのであるから、そのあいだに多少の犠牲を要するのはやむを得ない。最初の一、二回で頭が痛むとか大儀だといっていては、とうてい集中力を養うことはできない。少なくとも五、六回のあいだをがまんして行なったならば、必ずそのあいだには集中力が増進し、一条の光明を認めるであろう。健康の乱用を恐れて、集中力の養成を怠るのはよくないと思う。

脳髄は筋肉よりも使用に耐える、ということを、私は医者から聞いたことがある。数注力の習慣を養成するために頭が痛むのは、もしかすると脳髄それ自身が疲れて痛むのではなく、筋肉からきているのではあるまいか。たとえば熱心に読書すると、頭はもとより、額にあてた手、机に置く手にもおのずから渾身《こんしん》の力が注がれ、そのために痛みを覚えるのではあるまいか。つまり、脳髄が疲れるというよりも、筋肉が原因となって痛むのではあるまいか。

これはまったく私の憶測であるが、現に講堂で講義をするときも、はじめは、三、四十分で非常に疲れてグッタリしてしまう。これは講義そのものの疲れではなく、慣れぬために精神を疲れさせ、体を動かすためである。それと同じで、集中力の養成は必ずしもただちに健康の乱用とはならない。両者は明らかに区別されるものであると信ずる。

8 「もっと強く賢い自分」誕生のためのすゝはらい

心を改め処世の方法を新たにするのは、必ずしも正月元旦にはかぎらない。いつでもできる。ところが特に正月に心を改めるというのは、迷信といえば迷信であるかもしれないが、新しい年のはじめに新しい決心をするのは、なんとなく行ないやすいからである。

もとより、各自が適当な日にその心を改め、「今日が自分にとって新年である」といえばいわれぬことはない。しかし自分一人が新年であると叫んだとしても、他人が応じてくれなければ、心を改め、己を新たにすることはむずかしい。主人が笛吹き、客踊るというように、相互に応ずればこそ、世渡りがしやすくなる。

だから、他人がすべて心を改め、己を新たにしようとするときに、自分もまだ心を改めるのがもっとも便利である。これが、新年を期して心を改めようとするゆえんである。

さて、心を改めて新しい年を迎えるにはいろいろな方法があるだろうが、私は、自分で実行して多少利益を得たと思うこともあるので、例によって未熟ながら一身上の経験を告げたいと思う。

新渡戸流「日記の再利用法」

第一は、過去一年の日記をくりかえして見ることである。これは三日くらいかかる。正月より十二月まで順次に、毎月の主なできごとはなんであったかを書きぬいて、一種の摘要をつくり、一年のうちでもっとも悲しかったこと、もっともうれしかったこと、長く記憶しておけば益になるようなことを選び出す。すなわち過去を省みるのである。

これは、へたにやると不愉快なことを拾い出すことになるかもしれない。たとえば誰とけんかしたとかいうようなことを拾い出すことがある。せっかく忘れようとしていたことがこれによって再発し、不穏な考えを起こしたり、人をうらんだりすることになるかもしれない。だから、将来記憶しておいて役に立つような事項を選び出すように注意しなければならない。

また、自分で感謝すべき箇条を指摘することも必要である。たとえば友人の誰かが死んだとか、またはこういう不幸にあったとか、病気にかかったとかいうことがあれば、それに比べて自分はまだ無事に生存しているとか、病気にかかっても大事にいたらなかったと思うと、じつに幸いであったことがわかり、感謝の念を捧げることができる。

ところが、「自分には感謝することがない。本年は厄年《やくどし》で不愉快なことのみであった」ということもある。しかしこれは、見方一つで、充分に感謝すべき材料となる。本年は厄年であったにもかかわらず、こうして生きていられると思えば、そのこと自体がすでに充分に感謝すべきことである。

また、病にかかって一カ月床についたとする。不幸のようではあるが、病によっては二月三月も病床の人となる者もある。一カ月ですんだのは、あ、り、が、た、いことである。また指一本を怪我しても、世には腕の一本や二本を失う者がある。一本ですんだ自分は幸いである。また火事にあっても、世間にはそのために妻子を失う者さえある。家財は多く焼失しても、一家は幸にして無事であった。こう考えれば災厄と思えることのなかにも幸福がある。私はこの幸福を拾い出して感謝の種子としたい。

試練は「ちょうど手頃なもの」しか与えられないと考えること

また、過去一年に辛いと思ったことがあっても、これは勇気を養う材料に使うことができる。過去に辛いと思ったことを記憶していれば、たとえ艱難《かんなん》にあっても、「なあにこれしきのこと、自分は前にもっと辛い目にあっても、それを切りぬけてきたではないか」と思えば、くじけそうになった勇気も奮起される。

眼前に十貫目の荷物があっても、自分は前に十二貫の荷物を負ったことがあると思えば、これを負うのに少しも苦を感じないだろう。一度の経験は自信を与える。また、たとえば眼前に二十貫の重いものがあり、自分はいまだこれをになったことがないとしても、すでに一度十貫目のものをになったことがあるとすれば、これはその倍にすぎない、少し力を入れればになえるという勇気が加わってくる。

要するに、心の用い方一つで憂いを転じて楽しみとできる。禍《わざわい》を転じて福とするのは、必ずしも英雄聖人を待たなくともできる。天は決してわれわれに無意味な禍を与えない。決してわが力で耐えられぬものを与えない。ちょうど手頃なものを与えると信じれば心も休まる。

次に、一年中に会った恩人を回顧せよ。恩人のみではない、はじめて会った人についても考えてみるとよい。日記や名簿をつくり、何日にどこでいかなる人に会って、いかなることを語ったということを記入しておくのもよい。恥ずかしながら私は、多忙で時間がないのと、地方に行くときは一回に大勢の人に会うので、いまだこれを実行することができない。しかしこれは行なったほうがよいと思う。

すべての人がむりなら、せめて自分のために善事をなし、親切をしてくれた人だけでもよい。そして、直接会った人はもちろん、たとえ会わない人でも、新聞雑誌または書籍の上で会った人などは、必ず思い出すようにしたい。彼はこういうことを教えてくれた、こんな親切をつくしてくれた、自分は彼の手紙でこんな慰めを得た、ということを追想し、深くその恩を自分の胸裏に刻むように努めたい。人の恩に感謝し、また人に善を行なうための修養は、この辺よりはじまるのである。

「悪事」をサッパリ洗い流すコツ

一年のうちに犯した悪事をあげることも大切である。あのときは悪かった。恥ずかしいことをした、と後悔したことがあれば、年末にはこれを数えて、自分はこの点の修養に欠けている、来年からは必ず改めよう、と決心する。

これも度を過ごすと、自分の未熟を苦にして、「自分はつまらぬ者である、生きているかいがない」と悲観的になる恐れもなきにしもあらずだが、そんな危険はかえって少ない。むしろ謙遜の念が強くなると思う。

元来、うぬぼれのない人間は少ない。自分のなしたことを悪いと思わず、立派なことと確信している。だから人から注意を受けることがあってもなお、人が自分を誤解していると思い、なかなか「われ誤れり」とはっきりいいきる人が少ないが、私はこういいきれるようになりたいのである。

ある学者が、懺悔《ざんげ》は人を高尚にする、懺悔すると罪が消えてしまう、といったが、事実そうである。人の悪口をいっても、のちに悪かったと懺悔して謝罪すれば、その人の心はいかにもサッパリし、罪は消えたように思われる。年内に犯した悪事、あるいは口にし、または考えたことでも、およそ心を苦しめ良心を責めたことはとくと洗いざらい並べあげて、一つ一つ点検し、軽量をはかり、審判をくだし、きたる年にはこれを再びしないよう心に誓いたい。

将来への抱負を「元旦だけの決心」にしないための工夫

以上は、年末に際して、過去の一年を省みる心がけを述べたのであるが、ただしこれは真の目的でない。第二義のことである。**これより得た教訓を新年の生活に応用することが、もっとも大切なことである。**年末に顧みるのは、新年になって旧年よりも人道の一里塚を遠く進んだ生涯を送るための材料を得るためである。いかに過去を省みても、年とともに過去の過ちを改めなければ、なんのかいもない。

私は大晦日より元旦にかけて、来年はなにをするという決心を書き、実行を心がけている。たとえば、

一、日記は怠らずその日その日に記入すること
一、通信は受けとったのち何日間かに必ず返事をすること
一、本年はいかなる書物を読むかということ
一、何々の書物は毎日必ず読むこと

一、何月にはどこに旅行し何月にはどこに避暑するというようなこと
一、本年はいかなる論文を書くかということ

その他なんなりとも、各自が次の一年中に特に心がけて行なおうとすることを書きつけ、折にふれてこれをくりかえして読み、その決心を固くするように心がけるのである。

これは日記の巻頭に書いてもよい。机上のさしつかえないところに、書いたものを貼っておくのもよい。手帳にひかえておくのもよい。毎日一読すればもっとよいが、少なくとも月のはじめに一回は読まねばならない。こうして毎日または毎月一回なりとも読み、「何々する」と書いてありながら三カ月たっても四カ月たってもいまだ実行されていないのを見れば、自分で自分を責め、奮起する手段となる。

（了）

本書は、小社より刊行した『自分にいいことは、何でもやりなさい！』を再編集のうえ、改題したものです。

修養《しゅうよう》　自分《じぶん》を磨《みが》く小《ち》さな習慣《しゅうかん》

著　者――新渡戸稲造（にとべ・いなぞう）

解説者――丹羽宇一郎（にわ・ういちろう）

発行者――押鐘太陽

発行所――株式会社三笠書房

〒102-0072 東京都千代田区飯田橋3-3-1
電話：(03)5226-5734（営業部）
：(03)5226-5731（編集部）
http://www.mikasashobo.co.jp

印　刷――誠宏印刷

製　本――若林製本工場

編集責任者　本田裕子

ISBN978-4-8379-2743-3 C0030